Monica Weber-Nau, geboren 1951, studierte Politikwissenschaft an der Johann-Wolfgang-Goethe-Universität in Frankfurt / Main. Ab 1976 journalistisch für Rundfunk und verschiedene Tageszeitungen tätig (u. a. *Frankfurter Rundschau, Hannoversche Allgemeine, Stuttgarter Zeitung,* HR, WDR, SDR, SR und NDR); Schwerpunktthemen: Frauen, Beruf, Arbeit und Soziales. Seit 1990 arbeitet sie auch für Zeitschriften von *Stern* bis *Brigitte* und *Die Woche* und ist Autorin und Mitautorin mehrerer Bücher.

Michael Antes, geboren 1954, Studium der Psychologie an der Universität des Saarlandes, von 1978 bis 1985 Tätigkeit in einer psychotherapeutischen Beratungsstelle für Erziehungs-, Ehe-, Familien- und Lebensfragen. Ausbildung in Verhaltenstherapie, berufspolitische und gesundheitspolitische Aktivität. Seit 1985 in freier psychologischer Praxis in Saarlouis mit Schwerpunkt Psychotherapie bei Kindern, Jugendlichen, Familien und Erwachsenen und familienpsychologischer Begutachtung tätig. Seit 1994 Ausbilder in Verhaltenstherapie.

Dieses Buch wurde auf chlor- und säurefreiem Papier gedruckt.

Originalausgabe Januar 1996

Umschlaggestaltung: Angela Dobrick, Hamburg
Satz: Clausen & Bosse, Leck
Druck und Bindung: Ebner Ulm
Printed in Germany
ISBN 3-426-77188-8

5 4 3 2 1

Monica Weber-Nau
Micheal Antes

Liebe, Geld und Pleite

Was Frauen alles für Männer tun

Für Hans,
dem die Kombination
von Liebe, Geld
und Pleite erspart
geblieben ist.
von Monica
15.05.96

Knaur

Inhalt

»Die Ehe ist ein sicherer Hafen, in den das Schiff nach stürmischer Fahrt einläuft.« (Volksmund)

Für meine Mutter Anneliese, die das Steuer nie aus der Hand gab.
Für meine Tochter Nora, die hoffentlich nicht nur das Steuern, sondern auch das Rudern lernt.
Für Elvira, die ins kalte Wasser sprang und nun zum rettenden Ufer schwimmt.
Fiorella, die ins kalte Wasser geworfen wurde und sich nun freischwimmen muß.
Rosi, die seit über 20 Jahren auf stürmischer See ankert.
Simone, die zu neuen Ufern aufbricht und sich hoffentlich nicht den Wind aus den Segeln nehmen läßt.
Dorothea, die klar Schiff gemacht hat und endlich in den Hafen eingelaufen ist.
Und für
Christoph, der selbst bei stürmischster See die Nerven behält.

Einleitung

Geld ist das Problem Nr. 1 unter Deutschlands Paaren. Es rangiert noch vor der Eifersucht, den Seitensprüngen oder dem Streit um die Kindererziehung.

Zoff um den Zaster gibt es nach Ansicht der Düsseldorfer Gesellschaft für Marketing- und Kosumforschung IRES deshalb, weil es sich bei den Partnern um verschiedene Geld-Typen handelt.

Da lebt die »Geldscheue«, die am liebsten nichts mit Mark und Pfennig zu tun haben will, mit dem »selbstbewußten Experten« zusammen, der sich souverän mit Aktienkursen und Anlagemöglichkeiten beschäftigt. Da sieht sich der »vorsichtige Planer« mit der »sorglosen Geldausgeberin« konfrontiert, die nach der Devise »Ich will jetzt gut leben« ihre Taler unter die Leute bringt.

Und so kommt es, daß 38 Prozent aller Paare sich dauernd um die Mark streiten und bei 21 Prozent der Kniest um die Knete sogar zur Trennung führt.

Die meisten Paare (40 Prozent) wirtschaften immer noch so, wie es schon ihre Eltern und Großeltern taten: aus einem gemeinsamen Topf. Und wie bei ihren Vorbildern wird auch bei ihnen nicht gemeinsam beschlossen, wofür die Familie das Geld ausgibt. Autos, Wohnungen, Häuser und Grundstücke werden von ihm angeschafft. Den Mixer für die Küche, die Stehlampe fürs Wohnzimmer und den Schulranzen für den Nachwuchs darf sie besorgen. Schon beim Kauf der Hi-Fi-Anlage oder des Fernsehers ist die Frau des Hauses außen vor. Da sind es eher die Söhne, die bestimmen, was gekauft wird. Die Werbung hat sich längst darauf eingestellt.

Je jünger, desto sorgloser, haben Untersuchungen gezeigt, die sich mit den Konsumgewohnheiten beschäftigten. 20- bis 39jährige werfen am liebsten mit Geld um sich. Und immer mehr sitzen schließlich vor den Schreibtischen von Schuldenberatern, die seit einigen Jahren alle Hände voll zu tun haben.

1,2 Millionen Haushalte in der Bundesrepublik sind überschuldet. Mit 47 Milliarden Hypothekenkrediten und mit 17 Milliarden, die sie unter anderem für Autos, Reisen, Klamotten und High-Tech ausgeben, stehen Deutschlands Frauen und Männer bei Banken und Versandhäusern in der Kreide. Aber auch immer mehr Vermieter, Elektrizitätswerke und die Telekom klagen über säumige Zahler. Unter ihnen viele alleinstehende Frauen, oft mit Kindern, die bis zum Ende ihres Lebens am Rande des Existenzminimums leben müssen.

Tragisch ist dies vor allem, wenn nicht die Frauen das Geld ausgegeben haben, sondern ihre Männer, die Frauen aber ihren Namen mit unter die Kreditverträge gesetzt haben.

»Frauen können nicht mit Geld umgehen.« Diese abgedroschene Behauptung haben sich bislang auch viele Frauen zu eigen gemacht, obwohl sich vor allem in Notzeiten immer wieder gezeigt hat, daß sie sehr wohl mit Geld umgehen können. Schwer tun sie sich mit dem großen Geld, mit dem an der Börse spekuliert und das auf den internationalen Finanzmärkten hin und her geschoben, gewonnen und verloren wird. Das ist das Terrain der Männer, dort bestimmen sie die Regeln.

Doch sind die Herren deshalb begabter im Umgang mit Geld? Der »Fall« des Frankfurter Baulöwen Schneider, der Absturz des Devisenhändlers Leeson, um nur zwei der jüngsten Finanzskandale zu nennen, zeigen doch eher, daß auch sie ihre Schranken bei Geldgeschäften haben. Und wenn man sich die Haushaltslage der Bundesrepublik anschaut und die hohe Verschuldung der Bundesländer und Kommunen, wo, von wenigen Ausnahmen abgesehen, Männer das Sagen haben, sind noch mehr Zweifel angebracht.

Männer sind nicht klüger und Frauen nicht dümmer, und dennoch sitzen Männer in den Vorstandssesseln von Banken und großen Konzernen und die Frauen auf Sekretariats- und Küchenstühlen. Doch dort werden sie längst nicht mehr von ungleichem Recht oder Gesetzen festgehalten, sondern von festgefahrenen Rollenklischees, aber auch von ihren Ängsten und Selbstzweifeln. Das drahtlose Handy am Ohr, die High-Tech-Küche fest im Griff, einerseits bereit, jede technische Neuerung mitzumachen, halten viele Frauen andererseits noch immer an einer Rolle fest, die so zeitgemäß ist wie die Arbeitsteilung in einem alten Kontor.

Der Umgang mit Geld ist nicht angeboren, sondern erlernt. Das wurde auch dem Autorenteam während der Arbeit an diesem Buch immer klarer. Vor allem stellte es fest, daß ihr eigener Umgang mit Geld je nach Geschlecht typisch weiblich oder männlich ist. Die Autorin hatte sich an der Mutter, der Autor am Vater orientiert. Daß Mädchen von ihren Müttern lernen, Jungen hingegen ihren Vätern nacheifern, ist keine neue Erkenntnis. Die Reise der Autoren in ihre Vergangenheit war dennoch sehr aufschlußreich. Bislang hatten sich beide nie klargemacht, daß ihr Umgang mit Geld, bis auf den Pfennig genau, in ihrer Kindheit festgelegt worden war.

Erwachsene leben vor, Kinder leben nach. Und bis heute erlebt noch immer eine große Zahl von Töchtern und Söhnen Eltern, die – kurz vor der Jahrtausendwende – eine Eheform wie vor 100 Jahren praktizieren: Er gibt den Ton

an, sie spielt die zweite Geige, schaut zu ihm auf und tut, was er sagt. Vor allem, wenn's ums Geld geht.
Kritiklos unterschreiben viele Ehefrauen Bürgschaften und Kreditverträge, mit denen sich dann ihre Männer Geld leihen. Welche Konsequenzen ihr Name unter einem solchen Vertrag hat, merken die Frauen erst dann, wenn es zu spät ist.
Banken und Sparkassen nehmen seit Jahrzehnten selbst Frauen in die Mit-Pflicht, die weder Vermögen noch ein eigenes Einkommen nachweisen können. Weder die Politik noch die Justiz sah darin bislang ein Problem. Erst jetzt, da der Schuldenberg zu einem gesamtgesellschaftlichen Problem geworden ist, reagiert der Gesetzgeber und versucht, der bisher praktizierten grenzenlosen Vertragsfreiheit Schranken zu setzen. Doch das neue Insolvenzrecht, wonach eine Privatperson, ähnlich wie eine Firma, Konkurs anmelden kann, ist vor allem bei Schulden- und Verbraucherberaterinnen heftig umstritten.
Die Justiz entscheidet nach wie vor eher zugunsten der Banken und nur selten zugunsten der zur Mithaftung überredeten oder gar gezwungenen Frauen. Die Parole lautet: Mitgefangen, mitgehangen. Für viele Frauen aber heißt es: *Mitgegangen, allein gehangen.*

1 Mitgegangen, allein gehangen …
Der Umgang von Banken, Justiz und Politik mit Schuldnerinnen

»Jede Machtposition – sei sie auch akzeptabel, begrenzt und gefährdet – kann mißbraucht werden. Gehen die Banken mit der ihnen jeweils zur Verfügung stehenden Macht denn wirklich verantwortungsbewußt um? Mit dieser zweifelnden Frage meldet sich eine sensible Öffentlichkeit zu Wort. Sie ist zu Recht gestellt und sollte auch nicht verstummen.«

Alfred Herrhausen

Die 29jährige Isabelle stand innerhalb von vier Jahren mit 70 000 Mark bei zwei Banken in der Kreide. Davor hatte sie keinen Pfennig Schulden, und es gab auch keinen Grund, welche zu machen.
Den ersten Kredit von 15 000 DM schwätzt ihr ein Bankangestellter auf. Dem erzählt sie eher nebenbei, daß sie für den Kauf einer Designer-Couch spare. Warum sie sich diesen Wunsch nicht sofort erfüllen wolle, fragt der Banker und bietet ihr einen Kredit an. Bei ihrem Gehalt sei die Abzahlung doch kein Problem, sagt der Mann und meint ihren guten Job bei einer Werbeagentur. Isabelle macht die ersten Schulden, um sich etwas zu leisten, obwohl sie eigentlich anders erzogen worden ist. Wer sich Wünsche erfüllen will, so hatten es ihr die Eltern beigebracht, muß vorher sparen. Isabelle aber stellt fest, daß es viel schöner ist, wenn man Bedürfnisse sofort befriedigen kann. Ihre Ansprüche steigen, die Wünsche werden kostspieliger, die Bank räumt großzügig einen zweiten Kredit ein.

Nun beginnt sich die Schuldenspirale zu drehen. Isabelle, die 25 Jahre lang nie Probleme mit Geld hatte, wachsen die Belastungen über den Kopf. Und dann spielt plötzlich die Bank nicht mehr mit und kündigt ihr die Kredite. In ihrer Verzweiflung nimmt sie bei einer anderen Bank, zu noch schlechteren Bedingungen, die Summe auf, mit der sie die Forderungen der ersten Bank abdeckt. Doch die Milchmädchenrechnung platzt. Die monatlichen Belastungen sind zu hoch, die Schlinge zieht sich zu. Aus Mahnungen werden bald Mahnbescheide, dann steht der Gerichtsvollzieher vor der Tür, als absoluter Höhepunkt folgt die Gehaltspfändung. Danach ist nicht mal mehr genug übrig, um Miete und Leben bezahlen zu können. Isabelle muß die Wohnung verlassen und verliert auch ihren Arbeitsplatz. Seitdem versucht sie sich mit Schwarzarbeit über dem Sozialhilfeniveau zu halten. Die Schulden wird sie ihr Leben lang mit sich herumschleppen.

Längst sind sie vorbei, die Zeiten, als man geduldig Pfennig auf Pfennig legte, wenn man sich etwas anschaffen wollte. Die Diskrepanz zwischen dem, was man sich leisten kann, und dem, was man sich leistet, und zwar möglichst sofort, wird immer größer. Kaufen, ohne zu bezahlen, ist zur Selbstverständlichkeit geworden. Das geleaste Auto vor der Tür des fremdfinanzierten Eigenheims, der Karibik-Urlaub auf Pump oder die Edel-Klamotten auf Raten. »Kaufen Sie gleich, bezahlen Sie später«, lautet die Message. Alles ist käuflich, sofort. Rechnung folgt – wenn auch doppelt und dreifach. Wem das Dispolimit nicht reicht, der nimmt einen Kredit in Anspruch. »Für nur 74 Mark im Monat bekommen Sie sofort 4000 Mark«, warb eine Bank auf riesigen Plakatwänden in der Frankfurter Innenstadt. Ob die 74 Mark im Monat Zinsen sind oder damit auch der Kredit getilgt wird, blieb ebenso offen wie die Frage, wie viele Jahre man monatlich das Geld hinlegen muß, bevor man wieder schuldenfrei ist.

1,2 Millionen Haushalte in der Bundesrepublik sind verschuldet, stehen mit insgesamt 64 Milliarden Mark im Minus. Die einzelnen Beträge reichen von unter 5000 Mark bis über 100 000 Mark: Tendenz steigend. Nach einer 1990 vom Bundesjustiz- und Bundesfamilienministerium veröffentlichten Studie reicht das Geld bei 4,3 Prozent aller Haushalte nach Abzahlung der Verbindlichkeiten nicht mal mehr für eine bescheidene Lebensführung. Arbeitslosigkeit und der rapide Anstieg der Lebenshaltungskosten sorgten in den letzten Jahren dafür, daß viele Menschen ins finanzielle Aus gerieten.

Doch neben allen wirtschaftlichen und sozialen Faktoren ist vor allem die veränderte Einstellung zu Geld und Gut eine wichtige Ursache für die immense Zahl der Personen, die inzwischen bei Banken, Mietern, Versandhäusern, Energieversorgungsunternehmen, bei Handwerkern oder beim Händler um die Ecke in der Kreide stehen. 1950 betrug die Pro-Kopf-Verschuldung für Konsumgüter (ohne Hypothekenkredite) 3,60 Mark, 1992 war sie bereits auf über 5000 Mark gestiegen, und das mit tatkräftiger Hilfe der Banken. Fast jedem räumen die Kreditinstitute inzwischen Dispokredite ein, selbst Schülern, deren »Einnahme« aus dem monatlichen Taschengeld besteht. Die Verbraucherzentrale in Nordrhein-Westfalen stellte 1993 bei einer Befragung von mehr als 700 Taschengeldempfängern fest, daß die Banken 16,5 Prozent der 14- bis 17jährigen einen Dispositionskredit eingeräumt hatten. Manche konnten ihr Konto um bis zu 1300 Mark überziehen. Auszubildenden mit einem monatlichen Einkommen von 500 bis 800 Mark

waren Raten- oder Dispositionskredite von bis zu 6000 Mark angeboten worden.
Für viele ist es immer schwieriger, den Überblick in der Welt des bargeldlosen Zahlungsverkehrs zu behalten. Nicht nur Leasing und Ratenzahlung, auch Bargeldautomaten und Eurocheques, vor allem das »Plastikgeld«, sprich Kreditkarten, erleichtern das Ausgeben. Längst wurde festgestellt, daß die Hemmschwelle bei Spontaneinkäufen mit Bargeld bei 80 Mark, beim Zahlen mit der Kreditkarte bei 200 Mark liegt. Der Zahlungsvorgang mit Karte ist abstrakter und damit gefährlicher geworden, denn die Ausgaben fallen nicht sofort auf, die Kreditkartenunternehmen rechnen erst ab, wenn der Spontankauf längst vergessen ist.
Bislang galt die Devise: Jeder kann soviel Schulden machen, wie er will, und der Gesetzgeber sah keine Veranlassung, einzugreifen. Der Grundsatz der Vertragsfreiheit ist wichtigstes, unverzichtbares Dogma der kapitalistischen Gesellschaft. Doch angesichts der Tatsache, daß sich an den Bankschaltern immer häufiger völlig ungleiche Vertragspartner gegenübersitzen – auf der einen Seite der unter Druck stehende Bankangestellte, der Umsatz machen muß, auf der anderen Seite der Bittsteller, der dringend Geld braucht –, wird die Vertragsfreiheit immer mehr zur Farce.
Mord verjährt, Schulden nie. Wer als Mörder zu einer lebenslangen Haft verurteilt wird, den begnadigt der Staat in der Regel nach 15 Jahren, weil jeder das Recht auf eine zweite Chance hat, wie das Bundesverfassungsgericht in einem entsprechenden Urteil begründete. Wer sich hingegen verschuldet, dem wurde bislang keine zweite Chance eingeräumt – zumindest nicht in der Bundesrepublik. Ebenfalls »lebenslänglich im Schuldturm« sitzen auch jene,

die zwar keine Schulden gemacht, aber gebürgt hatten. Zu dieser Gruppe gehören Hunderte von Ehefrauen, von denen die Banken Mithaftung verlangt hatten, auch wenn die Frauen weder eigenes Vermögen noch eine Arbeitsstelle vorweisen konnten. Häufig genug blieben Frauen auf den Schulden sitzen, während die Ehemänner entweder völlig von der Bildfläche verschwanden oder entgegen der Scheidungsvereinbarung keinen Pfennig zurückzahlten. Die Banken nahmen kurzerhand die Ehefrauen für die komplette Summe in Anspruch.

So geschah es auch einer Ärztin und Mutter von vier Kindern, deren Mann in den sechziger Jahren für den Aufbau eines Betriebs Kredite von rund 800 000 Mark aufgenommen hatte. Eines Tages verschwand er und hinterließ seiner Frau nicht nur die Kinder, sondern auch die kompletten Schulden. Jahrzehntelang rackerte sich die Frau mit Nacht- und Sonderschichten in Krankenhäusern ab und versorgte zusätzlich die Kinder. Heute, mehr als dreißig Jahre später, in denen die zurückgelassene Familie ständig am Rande des Existenzminimums lebte, hat die Frau den gewaltigen Schuldenberg um rund zwei Drittel abgetragen. Sie wird noch weitere 10 bis 15 Jahre schuften und sparen müssen, bis sie der Bank die Schulden mit Zins- und Zinseszins zurückgezahlt hat. Für den zwischen Ehemann und Bank ausgehandelten Kreditvertrag haben die Frau und ihre vier Kinder ein ganzes Leben gebüßt.

Nicht nur bis zum Ende ihrer Arbeitszeit, sondern über die Rente hinaus muß auch eine geschiedene Sachbearbeiterin »bluten«. Nach dem Versorgungsausgleich ist sie gezwungen, ihrem geschiedenen Mann von ihrer Rente 250 Mark abzugeben. Der Ehemann hatte während der gesamten Ehe nicht einen einzigen Pfennig Geld verdient, aber dafür kräftig Schulden gemacht, für die seine Frau noch heute aufkommen muß. Kurz vor der Scheidung leistete er dann einen Offenbarungseid. Da die Frau alle Kreditverträge mit unterzeichnet hatte und gleichzeitig einen sicheren Job bei der Stadt vorweisen konnte, standen die Gläubiger vor ihrer Tür. Der Frau und ihrem minderjährigen Sohn bleiben im Monat 800 Mark, während der Ex-Gemahl längst eine neue Frau gefunden hat, die ihm ein angenehmes Leben garantiert.

Die Rechtsprechung des Bundesgerichtshofes war bislang rigoros. »Pacta sunt servanda« (Verträge sind einzuhalten), lautete die Devise der hohen Richter. Es war ihnen gleich, ob es sich um Ehefrauen handelte, die, völlig mittellos und ohne Job, oft »handfest« zur Unterschrift genötigt worden waren, oder um gerade volljährig gewordene Kinder, die die Tragweite ihrer Unterschrift nicht ermessen konnten und darüber auch im unklaren gelassen worden waren, wie der folgende Fall zeigt.

Mit der Unterschrift ihrer Tochter, die damals 16 Jahre alt, also minderjährig war, gründete ein Ehepaar zusammen mit einer befreundeten Familie eine Gesellschaft. Das Mädchen wurde zur Geschäftsführerin gemacht. Den Erwachsenen war die Gründung einer Gesellschaft oder Firma wegen diverser Offenbarungseide, die sie geleistet hatten, versperrt. Mit Hilfe eines Notars wurde ein Vertrag mit der Jugendlichen abgeschlossen. Dies geschah, obwohl die Eltern keine Genehmigung des Vormundschaftsgerichts hatten, was nach dem Bürgerlichen Gesetzbuch bei Geschäften mit Minderjährigen jedoch unabdingbar ist. Bei einer Sparkasse wurde ein Konto eröffnet, das schließlich mit 75000 Mark im Minus stand. Die Bürgschaft hatte ebenfalls die Tochter unterschrieben. Kurz nach der Kreditaufnahme kündigte die Sparkasse die Verträge und versuchte das Geld bei dem Mädchen einzutreiben, das zu diesem Zeitpunkt eine Ausbildungsstelle mit einem Monatsgehalt von rund 400 Mark hatte. Eine resolute Großmutter und ein kämpferischer Anwalt erreichten nach dreijährigem Gerangel mit der Sparkasse, daß diese auf ihre Forderung verzichtete. Die Drohung des Anwalts, den Fall an die Öffentlichkeit zu bringen, sorgte letzten Endes dafür, daß man auf die Rückzahlung des Kredits verzichtete. Ob der Anwalt bei einer gerichtlichen Auseinandersetzung dasselbe Ergebnis erzielt hätte, ist fraglich.

Bislang galt bei Gericht eine Bürgschaft als »bewußte Risikoübernahme«. Erst 1991 zeichnete sich ein Kurswechsel beim BGH ab. Zum erstenmal gaben die Richter einer Frau Recht. Diese war nicht nur von ihrem griechischen Ehemann unter massiven Druck gesetzt worden (»mit der Unterschrift kannst du mir deine Liebe beweisen«), sondern zusätzlich von dem zuständigen Bankangestellten. Dieser kam auf Veranlassung des Ehemannes ins Haus, ohne daß die Frau vorbereitet war. Völlig überrumpelt, unterschrieb sie schließlich die Mithaftung für einen Kredit von 65 000 Mark. Das Geschäft ging schief, die Ehe in die Brüche, der Mann verschwand. Ohne Wissen seiner Frau hatte er das Kreditkonto um die doppelte Summe, um 126 000 Mark, überzogen. Die Frau mußte mit vier Kindern von der Sozialhilfe leben. Obgleich sie zu der Unterschrift genötigt worden war, offenkundig nichts von der Höhe des Kredits gewußt hatte und mit ihrer Sozialhilfe nicht mal einen Bruchteil der Zinsen hätte zurückzahlen können, verurteilten Landes- und Oberlandesrichter die Frau zur Rückzahlung. Erst die BGH-Richter befreiten sie von dieser Pflicht. Zum einen verurteilten die Juristen den Überrumpelungsversuch von Ehemann und Banker in der Wohnung der Eheleute. Des weiteren kritisierten sie die Vertragsklausel, die beide Parteien berechtigte, über das Kreditlimit hinaus in unbegrenzter Höhe Geld abzuheben, als *»unzumutbares Risiko«*. Und als *»sittenwidrig«* werteten die Richter, daß die Bank die einkommens- und vermögenslose Ehefrau zur Mithaftung herangezogen hatte.

Wegen solcher und anderer Fälle ist der Gesetzgeber nun tätig geworden. Er schuf ein Verbraucherkonkursrecht, sprich Insolvenzrecht, das 1999 in Kraft treten soll. Es sieht vor, daß ein Privatschuldner, ähnlich wie eine Firma, Konkurs anmelden kann. Eine Möglichkeit, die es in den USA längst gibt. Der deutsche Gesetzgeber sieht vor, daß nach Durchführung eines Konkursverfahrens und einer siebenjährigen Wohlverhaltensphase die Privatperson von der noch verbliebenen Restschuld befreit werden soll. Damit wird dem betroffenen Schuldner ein »fresh start«, wie die Amerikaner es nennen, gewährt.

Noch bevor das deutsche Verbraucher-Konkursrecht auch nur ausgearbeitet war, fragten nicht nur Banken, Versandhäuser und andere Gläubigergruppen empört, wer denn in Zukunft die Schulden bezahlen solle. Auch die braven Bürger, die Pfennig auf Pfennig häufen und Verzicht üben, kritisierten die Möglichkeit für Privatpersonen, durch die Einleitung eines Konkursverfahrens Schulden loswerden zu können. Schließlich, so ihre Argumentation, seien die Menschen doch durch ihre eigene Verschwendungssucht in den Ruin getrieben worden.

Doch wie Tausende von Beispielen belegen, ist Verschwendungssucht nicht immer der Grund für hohe Schulden. Vielmehr spielen eine Reihe persönlicher und gesellschaftlicher Gründe mit, wie die Geschichte einer Ärztin zeigt, die Ildiko v. Kürthy 1994 in *Brigitte* unter dem Titel »Es wird schon werden – irgendwie« veröffentlichte.

Den ersten Kredit nimmt die angehende Medizinerin auf, um ihr letztes Studienjahr zu finanzieren. Sie geht davon aus, daß sie als zukünftige Ärztin die 12000 Mark locker zurückzahlen kann. Doch Arbeitslosigkeit nach dem Studium, ein Umzug in eine andere Stadt, ein Job weit unter Tarif, der Kauf eines Autos, um an den Arbeitsplatz zu kommen, diverse Versicherungen, die sie als Ärztin abschließen muß, und schließlich eine Affäre mit einem Mann, der sich von ihr aushalten läßt, verzehnfachen den Schuldenberg in wenigen Jahren. Die Aussicht, diesen je wieder loszuwerden, schwand mit jedem Jahr, inzwischen hat die Frau jede Hoffnung verloren.

Ab 1999 soll also das Insolvenzrecht hoffnungslos verschuldete Menschen retten. Doch wer darauf baut, wird erleben, daß das Gesetz seinem Anspruch nicht gerecht wird, auch wenn es auf den ersten Blick so aussieht.

Geplant ist, daß zunächst ein Einigungsversuch mit den Gläubigern erfolgen muß. Mißglückt dieser Versuch, muß das bescheinigt werden. Damit kann die Schuldnerin beim Amtsgericht unter Vorlage eines Schuldenbereinigungsplans den Antrag auf Eröffnung des Konkursverfahrens stellen. Nun muß das Gericht versuchen, mit den Gläubigern einen Sanierungsplan zu erarbeiten, dem die Mehrheit der Gläubiger zustimmen muß. Danach erfolgt das eigentliche Konkursverfahren. Falls vorhanden, wird das Vermögen der Schuldnerin verwertet und die Voraussetzung für eine Befreiung von der Restschuld geprüft. Falsche Angaben in Kreditverträgen der letzten drei Jahre können ein Grund sein, die Restschuldbefreiung nicht zu gewähren. Danach muß sich die Schuldnerin sieben Jahre wohlverhalten. Das heißt, sie muß jede zumutbare Arbeit annehmen und pfändbare Lohnteile abgeben. Erst dann erfolgt die Befreiung von der Restschuld.

Was zunächst gut klingt, stellt sich schnell als unsinnig und schikanös heraus. So dauert die Wohlverhaltensperiode nicht sieben, sondern fast zehn Jahre, denn die Jahre davor, in denen der Schuldner versuchen muß, sich mit den Gläubigern zu einigen und das Konkursverfahren durchzustehen, müssen mitgezählt werden. In Schuldnerberatungsstellen aber hat man längst die Erfahrung gemacht, daß die Menschen im Schnitt nicht länger als sechs Jahre durchhalten, bevor sie völlig aufgeben.

Doch selbst wenn ein Schuldner bereit ist, ein Leben am Existenzminimum länger auf sich zu nehmen, hat er schon das nächste Problem. Das Konkursverfahren steht zwar jedem offen, ist aber nicht kostenlos. Kein Mensch kann ohne Anwalt das komplizierte Verfahren, das ihm eine Reihe von Mitwirkungspflichten auferlegt, durchführen. Die Anwaltskosten wird er ebenso aufbringen müssen wie die Gerichtskosten oder das Geld für Konkursverwalter und Treuhänder. Da aber private Schuldner im Gegensatz zu Firmen, bei denen oft noch auf Inventar oder Außenstände zurückgegriffen werden kann, meist kahlgepfändet sind, ist der Einstieg in das Konkursverfahren für viele aus finanziellen Gründen nicht möglich. Die Gewährung von Prozeßkostenhilfe durch den Staat ist in dem Gesetz nicht vorgesehen. Wer die Kosten für den Treuhänder nicht aufbringen kann, dem wird auch keine Restschuldbefreiung gewährt. Dann war alles umsonst.

Nur wer über ein verpfändbares Arbeitseinkommen verfügt, kann das Verfahren vielleicht durchhalten. Doch wehe, man verliert den Arbeitsplatz. Das Insolvenzrecht schützt davor nämlich nicht. Und in diesem Zusammenhang ist die Arbeitspflicht für Schuldnerinnen besonders perfide, denn sie darf nicht nur vom Staat, sondern auch von den Gläubigern überwacht werden. Die können dann in jeder Phase des Verfahrens, sogar noch ein Jahr nach Erteilung der Restschuldbefreiung, geltend machen, der Schuldner sei seinen Pflichten nicht nachgekommen. Zum Beispiel könnten sie anführen, daß der in Köln lebende Schuldner eine ihm angebotene Arbeit in Stuttgart abgelehnt hat. Damit können sie die Befreiung von der Restschuld verhindern.

Schon in der Vergangenheit hat es der Kosumkreditbranche nicht an Phantasie gefehlt, wenn es um die Sicherung ihrer Pfründe ging. Inkassobüros und Detektive werden viel Arbeit bekommen. Dabei kann die Branche schon seit Jahren nicht über mangelnde Erträge klagen. 1993 freute sich der Bundesverband Inkasso – die Dachorganisation der bundesdeutschen Schuldeneintreiber – über eine Steigerung des Geschäftsvolumens von 25 Prozent bei *»frischen Außenständen«* von vier Milliarden Mark. Über die Höhe des Umsatzes schweigen die nationalen Schuldeneintreiber vornehm.

Auf dem Gebiet des Insolvenzrechts ist uns das europäische Ausland, vor allem unsere französischen Nachbarn, weit voraus. Dort können Kreditverträge für unwirksam erklärt werden, wenn sie eineinhalbmal so teuer sind wie der Durchschnitt. Dort wird auch ein Kreditvertrag für unwirksam erklärt, wenn bei der Kreditvergabe für die Bank erkennbar war, daß der Kreditnehmer die Raten bei seinem Einkommen nicht zahlen kann. Selbst rechtlich einwandfreie Kreditverträge können gekürzt werden, wenn sie gegen gute Sitten verstoßen, das heißt, wenn zum Beispiel 25 Prozent Verzugszinsen genommen werden.

Daß Millionen Deutsche mit Milliarden Mark in der Kreide stehen, hat auch etwas damit zu tun, daß selbst seriöse Banken und Sparkassen immer häufiger das Prinzip der Mitverantwortung für den Kunden zugunsten des Gewinns für die eigene Tasche fallen lassen. Daß selbst mit großzügigen Kreditrahmen noch hohe Gewinne zu machen sind, hat sich längst herumgesprochen. Immer mehr Banken erliegen da der Versuchung und vergeben inzwischen Kredite, die sie früher noch für uneinbringbar gehalten hätten.

1994 stellte der Präsident des Berliner Aufsichtsamtes Wolfgang Artopoeus auf der 40. kreditpolitischen Tagung der *Zeitschrift für das gesamte Kreditwesen* fest, daß sich »zwischen Geldbranche und privaten Kunden ein wachsendes Unzufriedenheitspotential aufgebaut hat, an dem die Banken nicht ganz unschuldig sind«. Über seine Behörde ergieße sich eine steigende Flut von Eingaben und Beschwerden verärgerter Kunden, die sich »übervorteilt, ausgenutzt und ausgeliefert, rechtswidrig und willkürlich behandelt oder einfach nur schlecht bedient« fühlten. Der höchste Berliner Aufsichtsbeamte erinnerte die Banken an die »schwache« Position des Kunden und meinte: »Er hat daher Anspruch darauf, daß die Banken ihm verständnisvoll begegnen und auch seine Interessen berücksichtigen.«

Wie gesagt: Jeder Mensch ist für sich selbst verantwortlich, will heißen: Die Suppe, die man sich selbst eingebrockt hat, muß man/frau auch alleine auslöffeln. Es kann nicht angehen, daß Menschen auf Pump in Saus und Braus leben und dann den Staat oder andere für ihre Schulden aufkommen lassen. Wer einen Kreditvertrag unterschreibt, auch als Bürge, hat die Vertragsbedingungen akzeptiert und muß sich ebenso daran halten, wie er das von seinem Vertragspartner erwartet. Doch das kann nicht gelten, wenn ein Mensch durch Umstände wie Krankheit oder Arbeitslosigkeit in eine finanzielle Notsituation hineingetrieben wurde oder die Tragweite einer eingegangenen Verpflichtung nicht erkennen konnte, wie im Falle vieler Ehefrauen, die, obwohl sie völlig ungleichberechtigte, schwache Vertragspartnerinnen sind, von Ehemännern und mit Hilfe der Banken zu einer Unterschrift genötigt wurden.

2 Frauen und Geld

Einige private Betrachtungen über Vorbilder, Familientraditionen und Lebensumstände

Meine Mutter fragte meinen Vater nie, wenn sie Geld ausgab. Sie kaufte, was in ihren Augen angeschafft werden mußte.
Diese Eigenwilligkeit habe ich übernommen. So kommt es häufig zwischen mir und meinem Mann zu heftigen Diskussionen, weil auch ich losziehe und ein Sofa oder eine teure Lampe mit nach Hause bringe, ohne ihm die Chance zu geben, darüber mitzuentscheiden.
Als kleines Mädchen träumte ich davon, reich zu sein. Doch immer war mir klar, daß ich dafür selbst sorgen muß. An einen Prinzen, der mich in Gold und Silber hüllen würde, glaubte ich nie – aus gutem Grunde.
Meine Großmutter mußte sich und ihre Kinder zwölf Jahre alleine durchbringen. Mein Großvater, ein erklärter Nazi-Gegner, floh 1933 und verschwand bis zum Sommer 1945 im französichen Untergrund. Großmutter kämpfte zu Hause ihren eigenen Kampf gegen Hunger und Elend. Als Frau eines geflohenen Widerständlers, ständig mit dem Abtransport ins KZ bedroht, auf Schritt und Tritt verfolgt und schikaniert, schaffte es die kleine Frau dennoch, sich und die Töchter über Wasser zu halten. Als Großvater zurückkehrte, war ihr Leben nicht mehr bedroht, doch für den Unterhalt sorgen mußte sie weiterhin. Großvater konnte sich nur schwer in den Alltag einfügen. Er kümmerte sich heftig um die Nachkriegspolitik. Zum Geldverdienen blieb da wenig Zeit.
Auch der Beitrag meines Vaters zum Lebensunterhalt der schnell wachsenden Familie war bescheiden. Er arbeitete in der väterlichen Schreinerei, wofür er einen bescheidenen Lohn erhielt, den sein Va-

ter selbstherrlich festsetzte. Doch niemand brachte meinen Vater dazu, sich gegen diese Autorität aufzulehnen. Konflikten ging er lieber aus dem Weg, Verantwortung delegierte er gerne. Sein bescheidenes Gehalt überließ er deshalb auch komplett seiner Frau, die es nach eigenem Ermessen verwaltete. Als ich im Alter von zehn Jahren zum erstenmal mitbekam, daß in anderen Familien Väter die Geldgeschäfte erledigten, war ich mehr als verblüfft. Bis zu diesem Zeitpunkt waren finanzielle Angelegenheiten in meinen Augen ausschließlich Frauensache.

Wenn auch die Frauen in unserer Familie das Geld verwalteten, so verhielten sie sich in puncto Finanzen dennoch typisch weiblich. Sie kauften weder Aktien, noch riskierten sie beim Spekulieren Geld. Nie sah ich sie beim Lesen der Wirtschaftsseiten einer Zeitung oder gar beim Studium der Börsenkurse. Den Umgang mit großem Geld also lernte ich nicht. So ist mir das Sparbuch heute näher als ein Aktienbündel. Da geht es mir wie Großmutter.

Immer wenn ich an sie denke, fallen mir ihre Spardosen ein – eine grüne für die Groschen, eine rote für die Pfennige. Die brachte sie regelmäßig zur Sparkasse, wo sie von einem Bankangestellten, der die Schlüssel verwahrte, geöffnet wurden. Dann stabelte Oma Heller und Pfennige aufeinander, ließ sie sorgfältig zählen und ins Sparbuch eintragen. Am Jahresanfang ging sie extra zur Sparkasse, um sich die fälligen Zinsen ins Buch eintragen zu lassen. Doch als sie starb, war das Buch leer. Sie hatte immer wieder Beträge für ihre Kinder und Enkel abgehoben.

Meine Mutter sorgte fast vier Jahrzehnte lang für Anschaffungen, schloß Versicherungen ab, kümmerte sich um die Aussteuer ihrer drei Töchter und die Ausbildung des einzigen Sohnes, dem sie ein Medizinstudium finanzierte. Jahrelang betrat mein Vater keine Bank, besaß keine Schecks und keine Kundenkarte. Wie man mit einem Geldautomaten umgeht, erfuhr er von seiner Frau erst, als er über 60 Jahre alt war. Ein Herzinfarkt meiner Mutter hatte dies

nötig gemacht. Von da an besprachen sie zwar gemeinsam finanzielle Angelegenheiten, doch bis heute hat Mutter das letzte Wort.
Zeit meines Lebens habe ich, wie Mutter und Großmutter, für mich selbst gesorgt, immer mein eigenes Geld verdient. Und wie sie beschäftige auch ich mich nicht damit, mein Geld gewinnbringend anzulegen. Ich spare fürs Alter, aber das auf sehr traditionelle Weise, indem ich etwas zur Seite lege. Mein größtes Vergnügen besteht darin, Geld für Feste auszugeben, andere um meinen Tisch zu versammeln – auch das habe ich so gelernt.
Auch wenn bei uns zu Hause jeder Pfennig umgedreht wurde, reichte es immer, um Freunde großzügig zu bewirten. Wir hatten ständig Besuch. Kampfgefährten meines Großvaters gingen bei uns ebenso ein und aus wie Onkel und Tanten. Sie kamen aus aller Welt, aus Frankreich, Spanien, Norwegen, ja sogar aus Amerika. Hochzeiten, Kindstaufen, Konfirmationen, Silberhochzeiten, selbst Beerdigungen waren Massenveranstaltungen, zu denen Freunde und die »buckelige« Verwandtschaft, wie mein Großvater sie liebevoll beschimpfte, anreisten. Für sie wurde der Tisch reichlich gedeckt, Flaschen entkorkt, und ich lernte: »Selig sind die, die geben, denn ihnen gehört das Himmelreich.«
Dann kam eine Zeit, wo das Wort Geld in unserer Familie immer häufiger mit dem Zusatz »-mangel« versehen wurde. Die Großeltern starben, die Familienbetriebe mußten geschlossen werden. Das Wort Schulden hing wie eine dunkle Wolke über der Sippe. Die Feste wurden kleiner, wir Kinder mußten uns mit abgelegten Klamotten aus der Verwandtschaft zufriedengeben. Taschengeld sahen wir nie.
Wieder waren es die Frauen, die für einen Aufschwung sorgten. Meine Mutter ging arbeiten, und eine alte Tante vererbte uns ein kleines Vermögen. Es ging wieder aufwärts, und ich lernte: Es sind die Frauen, die in Notzeiten dafür sorgen, daß niemand verhungert.

Die (Un-) Fähigkeit der Frauen, mit Geld umzugehen

Von unseren Eltern lernen wir den Umgang mit Geld. Die wiederum haben von ihren Eltern das Ausgeben und Sparen, das Festlegen und Schuldenmachen gelernt. Doch nicht nur die Vorbilder sind entscheidend. Prägend sind »vor allem kollektive historische Bedingungen und Erfahrungen, die mit der Geschlechterproblematik eng verbunden sind, mit dem Eigentum an und der Verfügungsgewalt über Dinge und Menschen, den patriarchalen Macht- und Herrschaftsverhältnissen«, wie die Soziologin Uta Brandes in ihrem 1988 veröffentlichten Aufsatz *»Die Angst der Frauen, Lust am Geld zu haben«* klarmacht.

»Frauen können nicht mit Geld umgehen.« Dieser von Männern gerne und oft wiederholten Behauptung haben viele Frauen bis heute kaum widersprochen. Doch stimmt die Behauptung wirklich, oder ist sie nicht eher Mittel zum Zweck, um Frauen möglichst den Eintritt in die Männerdomänen Banken, Wirtschaft und Politik zu erschweren, vielleicht gar zu verwehren?

Tatsache ist: Frauen verfügen generell über geringere Geldmittel als Männer, auch wenn sie berufstätig sind. Sie verrichten weltweit zwei Drittel aller Arbeitsstunden, besitzen jedoch nur ein Prozent des Weltvermögens und erhalten ein Zehntel des Welteinkommens. In der Bundesrepublik wird ihnen im Schnitt bis zu 30 Prozent weniger auf ihre Gehaltskonten überwiesen. Das gilt nicht nur für die Bandarbeiterin, sondern auch für die Top-Managerin. Bei der Besetzung von Spitzenpositionen denkt man an die Frauen, wenn überhaupt, erst ganz zum Schluß. Im vergangenen Jahrzehnt hat sich der Frauenanteil in deutschen Großunternehmen von 0,11 auf 0,52 Prozent erhöht. Doch wenn Arbeitsplätze rar werden, sind es die Frauen, die als erste gehen dürfen. Oft landen sie dann am Herd, ohne eigene Einkünfte, meist mit einem zugeteilten Haushaltsbudget.

Die Lebensplanung der meisten Frauen endet noch immer – und das kurz vor der Jahrtausendwende – bei der traditionellen Versorgungsehe. Die bessere Ausbildung der Frauen hat das nicht ändern können. Auch die von 1955 bis 1994 laut Angabe des Bundesministeriums für Familie und Senioren kontinuierlich gestiegene Scheidungsrate, die sich nun auf hohem Niveau eingependelt hat, hat nicht dazu geführt, daß Frauen intensiver über Lebenskonzepte nachdenken, die ihnen mehr (finanzielle) Unabhängigkeit garantieren.

Eindeutige Abhängigkeit von Vätern und Ehemännern kennzeichnet die Situation der Frauen bis weit in unser Jahrhundert hinein. Bis zum Inkrafttreten des Gleichberechtigungsgesetzes am 1. Januar 1958 hatten Ehefrauen, selbst in unserer liberalen Republik, im ehe- und güterrechtlichen Bereich rechtliche Nachteile. Bis dahin hatten die Ehemänner eine Art »Letztentscheidungsrecht« in Familienangelegenheiten, also das letzte Wort. Dies war ein Relikt mittelalterlicher Rechtsverhältnisse. Dennoch wurde es von den Vätern des Grundgesetzes ebenso übernommen wie von den Verfassern des Bürgerlichen Gesetzbuches Ende des 19. Jahrhunderts. Noch im letzten Jahrhundert konnten Ehemänner ihre Frauen an die Kette legen, indem sie zum Beispiel deren Arbeitsplatz ohne Absprache mit ihnen kündigten.

Gesetze, die jahrhundertelang das Leben der Menschen

und ihre Beziehungen untereinander bestimmten, kann man mit einem Federstrich außer Kraft setzen. Die seit Jahrhunderten eingeübten Verhaltensweisen und Strukturen sind damit aber noch lange nicht beseitigt. So konnte es Frauen noch Ende der sechziger Jahre, also lange nach Änderung der genannten Gesetze, passieren, daß die Geschäftsleitung eines Kaufhauses auf der Unterschrift des Ehemannes bestand, wenn sie größere Haushaltsgeräte bestellen wollten. Und noch immer gibt es Frauen, denen Haushalts- und Taschengeld zugeteilt wird und die nicht einmal wissen, was ihre Männer verdienen.

Bis ins hohe Mittelalter gab es Berufe und Unternehmen, wie Bierbrauereien oder Seidenstickereien, die weitgehend von Frauen geleitet wurden. Mit dem, was die Frauen produzierten, ernährten sie die Familie. Mit dem, was übrigblieb, konnten sie Handel treiben. Waren sie geschäftstüchtig, konnten sie sich eine gute Existenz aufbauen. Mit Beginn des Frühkapitalismus aber änderte sich das. Lebens- und Produktionsstätten wurden getrennt, die Frauen an den Herd verbannt.

Die umsichtige und sparsame Hausfrau wurde zum Ideal erhoben. Jenes »züchtige« Wesen, das »den Gewinn mit ordnendem Sinn« mehrt, war nicht nur Friedrich Schillers Ideal. In Adolph Freiherr von Knigges *Über den Umgang mit Menschen* von 1790 steht zu diesem Thema: «Gib also deiner Hausfrau eine Summe Geldes, die Deinen Umständen angemessen sei, zur Ausgabe. Wenn diese verwendet ist, so komme sie und fordere mehr von Dir. Findest Du, daß zu viel ausgegeben worden, so laß Dir die Rechnungen zeigen. Allein bestimme ihr auch eine kleine Summe zu ihren unschuldigen Vergnügen, zu ihrem Putze, zu stillen wohltätigen Handlungen, und fordere davon keine Berechnung.«

Die sparsame Ehefrau, die umsichtige Wirtschafterin, gilt bis heute als die akzeptable Lebensgefährtin. Frauen dagegen, die das Geld mit beiden Händen rauswerfen, haben den Ruf, leichtlebige Weiber zu sein, die man(n) sich bestenfalls als Geliebte hält, die schlimmstenfalls Huren sind. In jedem Fall aber das Gegenstück zur soliden Frau, welche man deshalb auch mit der Ehe belohnt.

Das Bild vom ausschweifenden, mit Geld um sich werfenden Weib existierte allerdings nur in den Köpfen der Männer. Die meisten Frauen hatten, da sie ja selten über eigenes Geld verfügten, gar keine Möglichkeit, es mit vollen Händen auszugeben. Väter und Ehemänner, die häufig nicht die geringste Ahnung von Haushaltsführung hatten, legten die Höhe des privaten Budgets fest und verlangten Rechenschaft über die Ausgaben, so wie Herr von Knigge es vorgeschlagen hatte. Die meisten Ehefrauen fügten sich – was blieb ihnen anderes übrig. Einige fanden wenigstens Mittel und Wege, um ihr privates Portemonnaie ab und zu aufzufüllen, mit sogenanntem »Schmugeld«. Das war nichts anderes als ein verheimlichter Überschuß in der Haushaltskasse. Der blieb etwa übrig, wenn unerwartete Sonderangebote den Einkauf billiger machten, oder er wurde durch geschickte Buchführung erwirtschaftet. »Einem armen Bettler zwanzig Mark gegeben« war ein beliebter Posten, der in so manchem Haushaltsbuch auftauchte.

War der Gatte großzügig, bekam die Gemahlin Nadelgeld, das ursprünglich ein Entgeld für Hand- bzw. Nadelarbeiten war, mit denen Frauen sich ein kleines Zubrot verdienten. In adligen Familien verstand man unter Nadelgeld den Unterhalt für die volljährigen, aber ledigen Töchter regierender Fürsten.

Den Zwang zur Sparsamkeit lernten alle Mädchen, wie das

1x1 des guten Tons aus dem Jahre 1956 zeigt. Die von Gertrud von Oheim herausgegebene Benimmfibel empfiehlt, Kindern schon in jungen Jahren beizubringen, mit Geld achtsam umzugehen. Frau von Oheim sagt auch: »Man wird sie dazu anhalten, über ihr Taschengeld oder die Verwendung ihrer kleinen Ersparnisse Buch zu führen und das Geld nur für Dinge auszugeben, die in irgend einer Form wirklich Wert für sie haben oder anderen eine Freude machen.« Immerhin machte die Autorin keinen Unterschied zwischen Jungen und Mädchen. Hier wurde von allen Enthaltsamkeit verlangt. Das größte Augenmerk bei der Erziehung zur Sparsamkeit aber legte man auf die Töchter. In Hunderten von Erzählungen, Gedichten und Märchen lautete die Botschaft: Nur sittsame und bescheidene Mädchen werden mit einem Prinzen belohnt.

»Dankbarkeit und Bescheidenheit sind in unserem Kulturkreis wichtige Tugenden der Frau«, schreiben die Autorinnen von *Aschenputtels Portemonnaie* und bestätigen weiter: »Geldforderungen stehen daher im Widerspruch zu dem von Frauen erwarteten Verhalten. Frauen, die sich nicht daran halten, müssen damit rechnen, bestraft zu werden.«

Die Erwartung, in Poesiealben zwischen Glanzbildern aus Rosen und Vergißmeinnicht verewigt, lautet: »Sei wie das Veilchen im Moose, bescheiden, sittsam und rein, und nicht wie die stolze Rose, die immer bewundert will sein.«

Sparsamkeit aber galt nicht nur als Tugend höherer Töchter. Alle Frauen sollten so sein, auch die Ärmsten der Armen, die proletarischen Frauen. In einer Anleitung zur Haushaltsführung aus dem Jahre 1882 mit dem Titel *Das häusliche Glück* heißt es: »Ist der Anzug sauber ohne Schmutz und Flecken, wohlgeordnet, nicht nachlässig, verrissen, bescheiden, nicht zu auffallend in Farbe und Schnitt, dann ist er auch immer anständig. Hat ein Kattunkleid diese Eigenschaften, dann ist es schöner als ein Kleid von Thibet oder Caschemir, dem diese Beschaffenheit fehlt. Eine anständige Kleidung kann also recht gut mit geringen Kosten beschafft werden, und sie bringt auch der Hausfrau in diesem Falle viel mehr Achtung bei den Leuten ein, als wenn diese sehen, daß sie sich über ihren Stand und ihre Verhältnisse hinaus kleidet.«

Den oft hoffnungslosen Existenzkampf jener Frauen, die sich mit Kattun zufriedengeben mußten und am Zahltag nur allzu häufig vor den Fabriktoren auf ihre Männer warteten, um ihnen den Wochenlohn abzuluchsen, bevor diese damit in die Kneipe verschwinden konnten, ignorierten die bürgerlichen Lehrmeister ebenso wie die Tatsache, daß der Lohn eines Arbeiters, von dem eine oft vielköpfige Familie leben mußte, kaum reichte, die hungrigen Mäuler zu stopfen.

Mit List und Phantasie, durch zusätzliche Mehrarbeit und Zeitaufwand schafften es diese Frauen, das Haushaltsgeld nicht nur einzuteilen, sondern oft auch viel mehr herauszuholen. Dies gelang ihnen mit dem Anbau von Gemüse und Obst im eigenen Garten, der Bereicherung des Speiseplans durch Produkte, die gesammelt wurden (Löwenzahn auf den Wiesen, Pilze und Beeren im Wald), und der Verlängerung von Speisen durch billige Sattmacher (Kohl, Kartoffeln, Getreide, Mehl). Die Frauen hielten Kleintiere, die sie schlachten konnten. Sie verwandelten alte Kleider in neue und brachten es fertig, durch aufwendigen Preisvergleich und mit dem Einkauf von Sonderangeboten aus wenig etwas mehr zu machen.

Aus der Not – für Proletarierfrauen bittere Realität, für Bürgersfrauen ein durch Ehemänner willkürlich hergestellter Zustand – machten sie eine Tugend, die sie an ihre Töchter weitergaben. Damit schnürten sie das gesellschaftliche Korsett auch für die nächste Frauengeneration entsprechend eng. Die Erziehung zum Sparzwang, zum Umgang mit dem kleinen Geld, funktionierte und funktioniert bis heute vorbildlich. Immer noch geben sie es lieber für Mann, Kinder oder Haushaltsgegenstände aus als für sich (siehe S. 11). Wenn sie es aber doch einmal für persönlichen Luxus verwenden und darauf angesprochen werden, wie Uta Brandes das tat, bevor sie ihren Aufsatz über die Angst vor der Lust am Geld schrieb, dann »hielt jede entweder eine pseudo-rationalistische Interpretation bereit oder gestand mir, daß sie seitdem unter Schuldgefühlen litte und sich mit der Absicht trüge, jenes spontan erworbene irrationale Ding – sei es ein schönes, unverschämt teures, modisches Sommerkleid, sei es ein wunderbarer Designer-Tisch – zurückzugeben«.

Das Ende der Bescheidenheit, von Feministinnen bereits in den sechziger Jahre lauthals gefordert, ist in Gelddingen noch immer nicht in Sicht. Prominente Frauen, wie Steffi Graf zum Beispiel, deren Vater wegen Steuerhinterziehung inhaftiert wurde, bestätigen da jedes Vorurteil. In einem Interview mit *Focus* wird ihr unter anderem die Frage gestellt: »Wissen Sie eigentlich, wie viele Millionen Sie haben und wo die Millionen liegen?« Der Tennisstar antwortet: »Leider weiß ich beides nicht.« Und auf das erstaunte »Wie das?« des Fragers sagt sie: »Ich habe mich immer nur auf mein Tennis konzentriert. Und ich war mir einfach ganz sicher, daß meine finanziellen Angelegenheiten in den richtigen Händen liegen.«

Die Angst vor dem großen Geld

Selbst wenn Frauen berufstätig sind, gar eigene Firmen gründen, tun sie sich schwer mit den Finanzen. Häufig scheuen sie als Unternehmerinnen große Ausgaben und Investitionen – manchmal zu ihrem Schaden. Jutta Gelbrich, Existenzgründungsberaterin und Aufsichtsratsmitglied bei der alternativen Frankfurter Öko-Bank, hat dies immer wieder beobachtet. »Typisch ist, daß eine Frau eine Verkaufsidee hat, die sich als Renner erweist. Doch dann kann sie die Nachfrage nicht befriedigen, weil sie zu klein geplant und zu wenig Geld aufgenommen hat«, erklärt die Bankerin. Das Ende ihrer Karriere sei schnell absehbar: Die zahlungskräftige Konkurrenz, zwei Türen weiter, klaue die Idee, kaufe groß ein und mache das Geschäft. Die unfreiwillige Ideenlieferantin macht Pleite. »Viele Frauen verhalten sich wie ordentliche Hausfrauen, was vom Unternehmerischen völlig verkehrt ist«, kritisiert die Bankfrau.
Ein weiteres Phänomen sei die Zwiespältigkeit, mit der Frauen an eine Firmengründung herangingen. »Ich will nicht nur einen Betrieb, ich will auch ein Privatleben haben«, sei ein typisch weiblicher Wunsch. Männer kämen nie auf eine solche Idee. Für die sei klar: Der Laden muß in zwei Jahren aufgebaut sein und Gewinn abwerfen. Jede Ablenkung führt ins Abseits. Für Frauen aber, so auch die Beobachtung von Gerda Lischke, Gründungsberaterin von Fraueninitiativen in Berlin, rangiere selbstbestimmtes Arbeiten und Lebensqualität vor dem Erfolg und dem Streben nach Geld. Bei Männern sei dies genau umgekehrt.
Das Bild, das die beiden Expertinnen zeichnen, wird nicht jeder Unternehmerin in der Bundesrepublik gerecht. Daß sich gerade bei der Öko-Bank eine bestimmte Klientel ver-

sammelt, liegt daran, daß das Kreditinstitut eine alternative Geld- und Geschäftspolitik betreibt. Dazu gehört die Förderung und Beratung bestimmter Initiativen wie Selbstverwaltungsprojekte, Umweltbetriebe und Fraueninitiativen, die bei den etablierten Bankhäusern und öffentlichen Institutionen kaum eine Chance hätten. Kredite von der Öko-Bank beantragen in erster Linie Sozialarbeiterinnen, Künstlerinnen, Lehrerinnen, die ihren ersten Beruf nicht mehr ausüben wollen und nun eine Alternative suchen.

Das sind keine Frauen vom Schlage einer Kristina Stabernack, Chefin der größten Verpackungsfirma Deutschlands mit 1650 Mitarbeitern und 300 Millionen Jahresumsatz. Oder wie die kürzlich verstorbene Grete Schickedanz vom Quelle-Versandhaus und Deutschlands erfolgreichste Nachkriegsfirmenchefin, Hubertine Underberg, Alleinerbin der Magenbitter-Dynastie und die Bekleidungsfabrikantin Britta Steilmann, um nur einige der 120000 erfolgreichen Frauen zu nennen, die zur Zeit in der Bundesrepublik Unternehmen mit mehr als zehn Mitarbeitern führen.

Von einer tiefgreifenden gesellschaftlichen Veränderung aber kann dennoch keine Rede sein. In den Männerdomänen Bank und Börse sind Frauen erst recht Ausnahmen, weshalb ihnen Zeitschriften wie *Forbes*, das *Zeit-Magazin* und *Stern* oder Frauenmagazine wie *Cosmopolitan* und *Marie Claire* immer noch ganze Seiten widmen. Zu ihnen zählen die Gründerinnen des Investmentclubs aus Mannheim, die sich ironisch selbstbewußt »Sekt und Selters« nennen, die »Frauen-Hausse«, sechs Direktorinnen verschiedener Banken, der »Arbeitskreis Versicherungs- und Finanzexpertinnen für Frauen« oder die Berliner »Weiber-Wirtschaft«, die Frauen von »Goldrausch« und »Gründungsrausch«, um einige zu nennen.

Der unterschiedliche Umgang von Frauen und Männern mit Erfolg und Geld kann nur erklärt werden, wenn man sich die unterschiedlichen als »typisch männlich« oder »typisch weiblich« festgelegten Eigenschaften von Frauen und Männern anschaut. Danach sind Frauen sanftmütig, bescheiden, passiv, abhängig, ängstlich, emotional und intuitiv, was oft mit irrational, weinerlich und empfindsam gleichgesetzt wird. Männer gelten als dominant, aktiv, unabhängig, risikobereit, rational, konkurrent, ehrgeizig und zielstrebig. Auch Kompetenz gilt eher als männliche Eigenschaft denn als weibliche, vor allem wenn es um Geld geht.

Wie schwer sich selbst der moderne Mann mit geldbewußten Karrierefrauen tut, zeigt unter anderem der erfolgreiche Film *Der große Bellheim* von Dieter Wedel. Peter Bellheim, gespielt von Mario Adorf, kehrt als Konzernchef aus seinem Ruhestand zurück, als das von ihm gegründete Kaufhaus Bellheim unterzugehen droht. Schuld daran ist Aktien- und Finanzjongleur Karl-Heinz Rottmann, der versucht, das Kaufhaus durch Manipulationen an sich zu bringen. Unterstützt wird der Spekulant von der jungen karrieregeilen und geldgierigen Bankerin Gudrun Lange. Die besorgt ihm die notwendigen Insiderinformationen, mit denen er dem alten Bellheim langsam die Luft abdreht. Die Informationen bekommt die schlanke Blondine – wer hätte es gedacht –, indem sie mit einem Kollegen ein Techtelmechtel beginnt. Die Geschichte endet wie alle Märchen: Zum Schluß gewinnt der alte gute Kaufhaus-König, der böse Spekulanten-Wolf ist »tot«, und die gierige böse Banken-Fee, die es gewagt hat, in die Männerdomäne einzudringen, verliert Hab und Gut bis zur letzten Aktie.

Kein Frauenklischee wurde in diesem Film ausgelassen. Die

gute, treue, betrogene und schließlich verzeihende Ehefrau, die jugendliche Geliebte, die dem Greis zu neuer Energie verhilft und zum Dank am Ende abgehalftert wird, und zum Schluß gibt es auch noch eine alte Hexe, Besitzerin des größten Aktienpakets des Hauses Bellheim, die hinter den Kulissen agiert. Sie betreibt den Untergang des alten Königs, um ihren Sohn und Prinzen zum Alleinherrscher zu machen. Doch auch das endet fast böse, aber der alte König ist ein gnädiger Herrscher und jagt sie nicht davon.

Frauen, die ihre Rollen verlassen, werden bestraft, zumindest diskriminiert. Die große Zahl an frauenfeindlichen Witzen, die parallel zur Diskussion über Frauenförderung, Quote und Chancengleicheit aufkamen (zum Beispiel: »Was ist der Unterschied zwischen dem neuen Chappi und der neuen Frau?« Antwort: »Das neue Chappi gibt's auch mit Hirn«), machen deutlich, wie groß das Maß an Verunsicherung unter bundesrepublikanischen Männern ist.

Das moderne Märchen *Der große Bellheim* hat jedenfalls eine eindeutige Message an alle Frauen. Der Spekulantenwolf gibt sie der gierigen Fee stellvertretend für all jene Frauen mit auf den Weg, die beim großen Monopoly dennoch mitspielen wollen: »Da draußen ist ein Haifischbecken, Lady. Nur die Stärksten überleben.« Und wie sich zum Schluß zeigt, sind das nicht die Frauen.

3 Christel und der Haifisch

Daß nicht nur »draußen« die Haifische lauern, sondern selbst im als sicher geltenden Hafen der Ehe, hat Christel am eigenen Leib erfahren.

Jung, schön und wild entschlossen, der Zukunft das Beste abzutrotzen, heiratete sie. Sie paßten gut zusammen, waren aus dem gleichen Holz geschnitzt, hatten dieselben Träume. Hoch hinaus wollten sie, reich und glücklich werden. Firmen wollten sie gründen und Häuser kaufen, weit reisen und teure Autos fahren. Sie wollten besser sein als die anderen. Vor allem ihren Eltern wollte Christel zeigen, was in ihr steckt. Von ihnen war sie streng katholisch, lieb- und freudlos mit dem Grundsatz aufgezogen worden: »Das einzige, das sich im Leben lohnt, ist die Arbeit für das, was man sieht.« Für die Nöte und Sorgen ihrer Kinder hingegen hatte die Mutter nicht das geringste Verständnis. Das Recht auf Essen und ein Bett hatte man sich zu erarbeiten, Kinder hatten die Gebote der Eltern zu befolgen, das lernte Christel früh.

Als sie mit 22 Jahren ihrem Mann begegnet und in der ersten Liebesnacht bereits schwanger wird, ist sie darüber nicht traurig. Nun konnte sie nicht nur das Elternhaus hinter sich lassen, sondern hatte einen Menschen an ihrer Seite, der die gleichen Wünsche wie sie hatte. Auch er träumte von den Werten, »die man sehen kann«, von Häusern und Autos, von einer eigenen Firma und dem großen Geld.

25 Jahre später haben sich die Träume des Ehemanns erfüllt. Die von Christel aber haben sich zerschlagen. Alt, arm und krank, vom Mann betrogen, von den Kindern im Stich gelassen, von Anwälten über den Tisch gezogen, sind ihr

vom Leben ein paar Erinnerungen an schlechte Zeiten und der regelmäßige Gang zum Therapeuten geblieben.
Das Paar hatte sich bald nach der Hochzeit mit einem Startkapital von 5000 Mark selbständig gemacht. Sie eröffneten einen Autosalon mit Werkstatt. Von Anfang an arbeitete Christel mit, auch nachdem innerhalb von sechs Jahren der Sohn und die beiden Töchter geboren worden waren. Ihr Mann stellte sie als Ehefrau für ein paar Mark ein. Wenn sie mal zaghaft nachfragte, wie es denn mit ihrer persönlichen Absicherung stehe, machte er sie mit den Worten stumm: »Mein und dein gibt es nicht, es ist alles uns.« Daß dies schon damals eine glatte Lüge war, sollte sich zwei Jahrzehnte später herausstellen. Über zwanzig Jahre achtete sie nicht auf das leise Unbehagen, das sich immer wieder einstellte. Sie wischte die Warnzeichen beiseite, die sich zeigten. Dachte nicht darüber nach, welche Konsequenzen es haben kann, wenn das gemeinsam Erarbeitete auf seinen Namen geschrieben wurde. Sie ging davon aus, daß ihre Loyalität, ihr Fleiß, ihre Treue von ihm anerkannt würde – bis daß der Tod sie scheidet.
Der Aufbau des Geschäfts hat Vorrang, lautete seine Devise, wenn sie doch mal aufmuckte. Da dies auch ihr Wunsch war, schwieg sie weiter und strengte sich an – mit sichtbarem Erfolg. Neben Haushalt und Kindererziehung, die er ausschließlich ihr überließ, kümmerte sie sich um die Kundschaft und führte die Buchhaltung. Doch die Zügel hatte er in der Hand. Zusammen mit einem Steuerberater verwaltete er die Finanzen, kaufte und verkaufte, stellte ein, kündigte, investierte und erweiterte. Einen Teil des Vermögens schaffte er in die Schweiz und nach Luxemburg. Mit Hilfe seines Steuerberaters und mit ihrem Wissen. Doch Kontonummern, Geheimzahlen, Summen ließ sie sich

nicht nennen, beschaffte sie sich nicht mal hinter seinem Rücken. Sie war ganz Ehefrau – ehrlich, treu und gefügig.
Die Kinder wuchsen heran, Christel arbeitete weiter im Geschäft. Inzwischen hatten sie zwei Filialen eröffnet, ein Geschäftshaus gekauft und ein Mehrfamilienhaus erstanden. Nichts davon war auf ihren Namen geschrieben.
Den ersten handfesten Streit bekam sie mit ihrem Mann, als er ihr einen Darlehensvertrag zur Unterschrift vorlegte und sie sich weigerte, diesen zu unterschreiben. Da hatte er bereits das dritte Geschäft auf seinen Namen eröffnet. Ein Rechtsanwalt, von dem sie sich dann doch einmal beraten ließ, machte der ausgebildeten Kauffrau klar, daß sie mit einer Unterschrift unter den Kreditvertrag im Zweifelsfall auch für die Rückzahlung geradestehen müsse.
Aufgeschreckt durch die Weigerung seiner Frau, den Vertrag zu unterschreiben, machte ihr Mann nun, entsprechend dem Rat seines Steuerberaters, den Vorschlag, sie in Zukunft als Angestellte zu behandeln, mit eigenem Gehalt. Sie ließ sich darauf ein und wehrte sich nicht mal, als er von ihr verlangte, daß sie mit ihrem Gehalt in Zukunft auch die Hälfte des gemeinsamen Haushaltes finanzieren solle.
Essen, Heizung, Licht und Strom, selbst Urlaub, Geburtstags- und Weihnachtsgeschenke für die Kinder, Reparaturkosten und Sanierungsarbeiten im Haus werden fortan halbiert. Nicht eine Sekunde kam ihr in den Sinn, dagegen zu rebellieren. Sie erkundigte sich nicht einmal nach der Summe, die er sich jeden Monat gewährte. Während er ihr ein Gehalt von 3000 Mark gestattete, holte er für sich jeden Monat 10 000 Mark aus der Firma. Doch das erfuhr sie erst viel später. Mit kindischer Verbissenheit hielt sie an seinen Worten fest: Mein und Dein ist Uns.
Die Grundlage ihrer Ehe erschöpfte sich im Auf- und Ausbau

der Firmen. Andere Gemeinsamkeiten hatten sie nicht. »Wir haben in 25 Ehejahren keine zwei Stunden über etwas Wesentliches gesprochen«, sagt sie heute, und jetzt erst sieht sie, daß sie das mitverschuldet hat. Sie lebte neben ihm, sah, wie aus dem vitalen Mann, der jeden Tag eine neue Idee hatte, ein pedantischer, geiziger, wortkarger Zeitgenosse wurde, der sich nur noch für sein Geld interessierte. Sie litt immer mehr unter der Situation, unter seiner Lieblosigkeit, seiner schlechten Laune, seinem Desinteresse an ihr und den Kindern, doch sie dachte lange nicht an Veränderung – wegen der Kinder, wegen der Leute, wegen der Sicherheit und Bequemlichkeit. Sie hatte Angst vor den Konsequenzen.

Doch ihr Alltag wird immer beschwerlicher und unerträglicher. Als sie es gar nicht mehr aushält, fährt sie mit den Kindern in einen Ort, um sich zu erholen. Sie will sich nicht scheiden lassen, braucht nur den Abstand, um zu sich zu kommen. Schon die Entscheidung zu diesem Urlaub war ihr nicht leicht gefallen. Erst nach langem Zureden einer Freundin hatte sie sich dazu entschlossen. Beladen mit Schuldgefühlen und nicht ohne ihrem Mann einen Brief zu schreiben, in dem sie ihre Reise erklärt und um Verständnis bittet, tritt sie die Fahrt an. Doch bald schon muß sie zurückkehren, denn er sperrt sämtliche Konten. Zunächst zieht sie zu ihren Eltern und lebt dort mit ihren Kindern in zwei Zimmern. Eines Tages will sie für sich und die Kinder Kleider aus ihrer Wohnung holen, da hat er das Schloß ausgewechselt. Er betrachet sie als Verräterin, dafür bestraft er sie, indem er ihr den Boden unter den Füßen wegzieht. Als sie ihn über einen Anwalt auffordert, Unterhalt für sie und die Kinder zu zahlen, weigert er sich. Sie habe schließlich ihr Gehalt in der Firma, und die Kinder hätten eigenes Vermögen. Schließlich zahlt er für jedes Kind 400 Mark, doch nicht ohne darauf hinzuweisen, er würde ihnen das Geld vom Erbe abziehen.

Nach etlichen Wochen, in denen sie Briefe austauschen, trifft sich das Ehepaar. Es ist ihr Hochzeitstag, und er droht, die Ehe »platzen zu lassen«, falls sie nicht zurückkommt. Sie will den Kindern das Elternhaus erhalten. Und dann kommt er ihr – so scheint es – entgegen. Er macht den Vorschlag, die Güter zu trennen, um die Verantwortung von ihr zu nehmen, verspricht ihr eine Wohnung in einem ihrer Mietshäuser und Geld zur freien Verfügung. Damit sie die Gütertrennung unterschreibt, erzählt er, daß es der Firma nicht gutgehe, malt alles in schwarzen Farben, so daß sie drauf und dran ist, ihm ihr Erspartes zu schenken. Sie unterschreibt, ohne sich ein genaues Bild über den wirklichen Zustand der Firmen zu verschaffen, und gibt ihm damit die Möglichkeit, ihr gemeinsam erarbeitetes Vermögen zur Seite zu schaffen. »Vermögenssicherung« nennt er das später, andere nennen es Betrug.

Trotz Neuanfang sind sie nicht glücklich miteinander, zu festgefahren ist die Situation, zu tief der Graben zwischen ihnen, ihre Gefühle sind längst ein schaler Aufguß ihrer früheren Zuneigung – abgestanden und kalt. Sie leben nebeneinander, reden nur das Nötigste miteinander. Der neue Versuch ist eine Farce.

Wie so oft, sorgt auch in diesem Fall eine Krankheit für die Wende. Er erleidet einen Herzinfarkt, und als er aus dem Krankenhaus zurückkommt, packt er die Koffer und verschwindet für mehrere Wochen. Wohin, das erzählt er nicht. Nun steht sie alleine da mit den Geschäften, dem Haushalt und den drei Kindern, die inzwischen allerdings so alt sind, daß sie sich alleine versorgen können.

Doch die vielen Jahre der Frustrationen und Niederlagen haben auch sie krank gemacht. Chronische Unzufriedenheit, Grübelzwang, ein bis zum Suizid gesteigerter Selbsthaß, Gefühle von Ohnmacht und Hilflosigkeit führen zu extremen Schlafstörungen und einer Gewichtszunahme, die ihre inneren Organe schädigt. Bei einer Größe von 1,65 Meter und einem Gewicht von 130 Kilogramm streikten schließlich Leber, Galle und vor allem das Herz.
Als er aus seinem Urlaub zurückkommt, erholt, braungebrannt, vital, fordert sie ihn auf, die gemeinsame Wohnung endgültig zu verlassen. Sie beginnt im Krankenhaus endlich ihr Leben in die eigene Hand zu nehmen.
Nun wird aufgeteilt. Jeder Schrank, jeder Stuhl, jede Gabel. Selbst um Waschlappen und Schuhputzmittel kämpfen sie. »Alles mein«, sagt er nun, nachdem er jahrelang behauptet hat: »Alles uns.«
Die eigentlichen Gewinner sind, wie so häufig bei strittigen Scheidungen, die Anwälte. Da es um einen hohen Streitwert im Unterhaltsverfahren, beim Zugewinn und Versorgungsausgleich geht, und zwar durch zwei Instanzen, entstehen ihr Anwaltskosten (ohne Gerichtskosten) in Höhe von 40 000 Mark, ohne daß die von ihr beauftragten Juristen große Erfolge erzielt hätten, obwohl sie dreimal den Anwalt wechselt. Da sie als vermögend eingestuft wird, kann sie keine Prozeßkostenhilfe beantragen. Da sie ihrem Mann das auf ausländische Konten verschobene Geld nicht nachweisen kann, unter keinem Kaufvertrag ihr Name steht und sie eine ihr gehörende Eigentumswohnung nur weit unter Wert verkaufen kann, geht sie fast leer aus. Ihr Mann wird zwar verurteilt, in die Rentenkasse zum Versorgungsausgleich eine Nachzahlung zu leisten, doch da er als »armer« Mann vor dem Richter erscheint, hat sie bis heute

keinen Pfennig davon gesehen. Er hat noch vor der Scheidung die Geschäfte seinen Kindern überschrieben und sich selbst als Arbeitskraft mit einem 520-Mark-Vertrag einstellen lassen. Nur widerstrebend ist er bereit, ihr eine Grundlage für eine Rente zu schaffen. Obwohl sie ihre gesamte Altersversorgung von der Bundesversicherungsanstalt zu Beginn ihrer Ehe auszahlen ließ und in die Firma steckte, zahlt er keinen Pfennig. Für jede Mark, die ihr zusteht, muß sie einen Anwalt in Bewegung setzen. Mindestens eine halbe Million, eher mehr, hat ihr der Ehemann unterschlagen.
Besonders tragisch ist für Christel, daß sich ihre Kinder auf die Seite des »Siegers« geschlagen haben. Der Vater lockte mit Geld und Geschäftsübernahmen, die Mutter hatte »nur« Gefühle zu bieten – einen Wert eben, den man nicht sieht.

Psychologischer Kommentar

Nicht nur zerschlagene Träume, auch Erfolg und Reichtum können bis zur Unkenntlichkeit entstellen. So mancher entpuppt sich dann als gierig, geizig, brutal, glatt, leichtsinnig, größenwahnsinnig. Was zählt, ist nur noch der Erfolg, die harte Mark, die Dinge eben, die man zeigen kann – Statussymbole. Doch jeder Veränderung ist eine Geschichte vorausgegangen – eine miese Kindheit, ein erfolgloser Existenzkampf, eine verkorkste Ehe. Dann wird aus dem jungen, kreativen, witzigen Gefährten ein langweiliger, pedantischer, geiziger Mensch, voller Mißtrauen. Plötzlich ist er nicht mehr der, den man geheiratet hat, mit dem man durch dick und dünn gehen wollte.
Doch eine totale Kehrtwende gibt es bei Menschen nur selten. Ein großzügiger Mensch wird nicht über Nacht zum Geizkragen,

ein Pessimist nicht von einer auf die andere Stunde zum Optimisten, ein Querulant nicht plötzlich zum gütigen Menschen. Meist sind negative Seiten schon angelegt und kommen nur stärker zum Vorschein. Vorhandene Züge kann man erkennen, wenn man genau hinschaut, man kann sogar verhindern, daß sie sich verstärken. Doch das bedeutet Arbeit – Beziehungsarbeit. Davor hat sich Christel gedrückt, vom ersten Tag ihrer Ehe an. Sie hat das Verhalten ihres Mannes geduldet, hat es sogar gefördert, wie sie heute weiß. Zwar hat sie bei Dritten immer wieder über sein Verhalten gejammert, sich beklagt, doch bei ihm gab sie sich lammfromm und handzahm.

Ihre Haltung wurde im Elternhaus festgelegt. Der autoritäre Vater forderte nichts als Anpassung, die verständnislose Mutter hat ihr nie den Rücken gestärkt. So hat sie nie gelernt, Ansprüche und Bedürfnisse zu formulieren, hat statt dessen Angst vor Streit gehabt, den sie als existenzgefährdend empfand. Einzig mit der elterlichen Botschaft ausgestattet: »Wichtig ist, daß man ein sichtbares Ergebnis vorweisen kann, bei allem, was man tut«, stolperte sie in die Ehe. So wenig, wie sie sich um Empfängnisverhütung vor der Heirat kümmerte, so wenig kümmerte sie sich um die Schadensverhütung während der Ehe. Auch als sie sich von ihrem Mann trennte, wurde sie nicht vorsichtiger, unterschrieb die Gütertrennung, mit der er sie endgültig in den finanziellen Abgrund trieb.

Erst als es zu spät war, begann sie zu kämpfen. Im Laufe einer langjährigen Therapie hat sie erkennen müssen, daß sie sich nur allzu leicht die Selbständigkeit aus der Hand nehmen ließ. Dies zu erkennen, ohne in depressive Schuldgefühle zu fallen oder sich selbst anzuklagen und zu hassen, war nur mit Hilfe des Therapeuten möglich. Nach jahrelangem Kampf weiß sie: »Heute würde ich mir nicht mehr alles vorkauen lassen, sondern von vorneherein sagen: ›So nicht.‹«

Finanziell steht sie besser da als andere Frauen, die in diesem Buch noch vorgestellt werden, auch wenn sie mit einem riesigen Verlust aus ihrer Ehe herausgegangen ist. Sie wird in Zukunft bescheidener leben müssen. Doch immerhin ist es ihr inzwischen gelungen, sich ein Zusatzeinkommen zu sichern. Damit will sie sich ein kleines Haus kaufen. Eine neue Partnerschaft aber wird sie so schnell nicht wieder eingehen.

4 Erlernte Hilflosigkeit oder Ich kann das nicht, weil ich ein Mädchen bin

Fast jede Frau kann sich sofort in folgende Situation hineinfühlen: Sie arbeiten schon lange in einer Firma, haben Ideen eingebracht, sich engagiert, Überstunden geleistet. Mit den Kolleginnen verstehen Sie sich gut, doch langsam beginnen Sie sich zu langweilen. Sie möchten mehr, höher hinaus, wollen weiterkommen. Und dann passiert es: Der Posten, von dem Sie immer träumten, wird Ihnen angeboten. Und mit dem Angebot kommen Angst und Zweifel. »Vielleicht«, so sagen Sie sich, »bin ich doch nicht so gut. Wie werden die jetzt noch freundlichen Kollegen reagieren, wenn ich an ihnen vorbeiziehe? Vielleicht haben sich die Personalchefs ein falsches Bild von meinen Leistungen gemacht. Vielleicht ist es für einen Aufstieg doch noch zu früh. Vielleicht bin ich den höheren Anforderungen doch nicht gewachsen. Ich sollte mir das Ganze noch mal überlegen, vielleicht noch ein wenig warten.«

Dieses vielen Frauen nur allzu bekannte Verhalten hat inzwischen einen Namen. Experten nennen es »Erlernte Hilflosigkeit« oder einfach kurz »EH«. Es ist der mangelnde Glaube an die eigenen Fähigkeiten, der zu einem selbstzerstörerischen Verhaltensmuster führt. »Erlernte Hilflosigkeit kommt derart auf Samtpfoten daher, daß sie sich wie eine heimtückische Krankheit in uns ausbreiten kann; die Tatsache jedoch, daß sie so perfekt mit den Ansichten unserer Kultur über Weiblichkeit übereinstimmt, macht sie für Frauen besonders fatal«, schreibt die amerikanische Sozialwissenschaftlerin Nicky Marone in ihrem Buch *Erlernte Hilflosigkeit überwinden.* Wie unzählige andere

Verhaltensweisen hat auch die erlernte Hilflosigkeit zu etlichen Untersuchungen, vor allem in Amerika, geführt. Eine davon ist besonders bemerkenswert, weil sie beweist, daß diese Hilflosigkeit bei steigender Intelligenz nicht verschwindet.

Bei dem von amerikanischen Wissenschaftlern durchgeführten Versuch wurde zum einen bei hochintelligenten Mädchen, zum anderen bei Jungen mit geringen geistigen Fähigkeiten experimentell ein Zustand der Verwirrung ausgelöst. Während die Jungen regelmäßig »positiv erregt« wurden und um so hartnäckiger die Lösung der Aufgabe verfolgten, gaben die hochintelligenten Mädchen jedesmal nach kurzer Zeit auf.

Diese Erkenntnis wird ergänzt durch ähnliche Experimente, die man mit erwachsenen Frauen und Männern durchführte. Bevor die beiden Gruppen eine Aufgabe lösen mußten, wurden sie nach dem wahrscheinlichen Ausgang befragt. Regelmäßig unterschätzten die Frauen und überschätzten die Männer ihren Erfolg. Nicht genug damit: Auch wenn die Frauen erfolgreich die Aufgabe gelöst hatten und die Männer erfolglos, änderte das nichts an ihrer vorherigen Einschätzung. Die Frauen glaubten trotz der positiven Erfahrung nicht an einen zukünftigen Erfolg.

Wenn weder Intelligenz noch erworbene Fähigkeiten dazu führen, daß wir an uns und unser Können glauben, dann muß es etwas anderes sein. Es ist »die Art und Weise, wie wir die Situation *analysieren,* wie wir die Ereignisse *interpretieren* und wie wir die Informationen *verarbeiten«* (Marone).

Ein Mensch kann zu der Überzeugung kommen, daß er eine Aufgabe nicht gelöst hat, weil er schlecht vorbereitet war, die Kollegen ihn daran gehindert haben, das Problem zu groß oder der Zeitpunkt falsch gewählt war. Wenn der

Mensch aber fest davon überzeugt ist, daß er die Aufgabe nicht lösen konnte, weil er ein Versager ist, dann ist dies ein Fall von erlernter Hilflosigkeit.

Wie aber kommen gerade Frauen in so großer Zahl zu der festen Überzeugung und der tiefliegenden Furcht, das Leben, den Alltag oder einzelne Aufgaben und Anforderungen nicht bewältigen zu können? »Ein wesentlicher Grund für unser mangelndes Selbstvertrauen liegt darin, daß wir als Frauen unsere Fähigkeiten in der gleichen Weise einzuschätzen lernen, wie es die Gesellschaft tut«, schreibt die amerikanische Psychologin Susan Schenkel in ihrem Buch *Mut zum Erfolg*.

Frauen haben hilflos zu sein, auf den Beschützer zu setzen und ihm die Lösung und Erledigung der wichtigen Dinge des Lebens zu überlassen. Die Bewältigung bestimmter Situationen wurde bislang von Frauen einfach nicht erwartet. Dazu gehört, daß sie sich erfolgreich gegen physische Gewalt wehren, in einem Krieg an vorderster Front kämpfen, auf Großbaustellen schuften, Bäume fällen, Schiffe, Kräne und Flugzeuge reparieren oder eben komplizierte Geldgeschäfte tätigen. Das typische Rollenverhalten, in frühester Kindheit vermittelt, wird Teil des weiblichen Denkens.

Dagegen anzugehen aber ist besonders schwierig, denn wie alles im Leben hat auch die erlernte Hilflosigkeit nicht nur negative Seiten – im Gegenteil: Das hilflose Weibchen zu spielen ist für viele eine »verläßliche Alternative, um die Risiken und Herausforderungen des Lebens zu umgehen«, sagt Nicky Marone. Ob es um die Bewältigung beruflicher oder privater Probleme gehe, die Frauen zeigten mehr »gespielte Tapferkeit« als Vertrauen in die eigene Fähigkeit. Der »tief verwurzelte Glaube an unser Recht, gerettet zu werden«, ließe Frauen, wenn sie die Wahl zwischen Eigeninitiative und Hilflosigkeit hätten, gerne zur Hilflosigkeit greifen. Sie sehen das als »eine durchaus akzeptable Wahlmöglichkeit«.

Männer mit diesem »selbstzerstörerischen Glaubenssystem« begegneten der Sozialwissenschaftlerin selten, doch dafür um so mehr Frauen, aus dem »gesamten sozio-ökonomischen Spektrum«.

Männern gibt unsere Kultur nicht die Erlaubnis, dieses Verhalten an den Tag zu legen. Und so konnte Nicky Marone in Workshops immer wieder erleben, daß Frauen sofort mit dem Begriff »erlernte Hilflosigkeit« etwas anfangen konnten, während Männer überrascht darauf reagierten und eine Klärung verlangten.

Die Gewißheit, daß man mit eigenen Kräften ein erwünschtes Resultat hervorbringen kann, nennt man Selbstbewußtsein. Wer sich seiner selbst also nicht bewußt ist, hat Hilflosigkeit bereits erlernt. Es ist ein kompliziertes Zusammenspiel von Biologie, Erziehung und Kultur, das bei den Frauen zu der Haltung führt: Ich kann das nicht, weil ich ein Mädchen bin. »Indem sie die gesellschaftlichen Vorurteile gegen weibliche Kompetenz mit der Muttermilch einsaugen, lernen viele Frauen, ihren eigenen Fähigkeiten von Anfang an zu mißtrauen.« (Schenkel)

1983 fragten amerikanische Wissenschaftler rund zweitausend Schulkinder: »Wie anders wäre Dein Leben, wenn Du als Junge / Mädchen auf die Welt gekommen wärst?« Während die Jungen bei der Vorstellung, ein Mädchen zu sein, von Weltuntergangsgefühlen heimgesucht wurden, waren die Mädchen sicher, daß ihr Selbstvertrauen, wenn sie Jungen wären, steigen würde.

Jungen und Mädchen hatten dies bei den eigenen Müttern miterlebt.

Welche Auswirkungen dies hat, konnten Lyn M. Brown und Carol Gilligan, zwei amerikanische Psychologinnen, aufzeigen. Rund 100 Schülerinnen einer Mädchenschule sowie deren Eltern und Lehrer wurden von den beiden Wissenschaftlerinnen befragt. Die Beobachtung der Mittelstandskinder im Alter zwischen sieben und 18 Jahren wurden in dem Buch *Die verlorene Stimme* veröffentlicht. Danach ist mit acht, neun Jahren die Welt der Mädchen noch in Ordnung. Sie sind unbekümmert, durchsetzungsfähig und vital. Je älter sie werden, desto bereitwilliger geben sie ihre Ansprüche auf, verlieren Durchsetzungskraft und Vitalität. Sie reden zögerlicher, unklarer, leiser, und der Satz: »Ich weiß nicht« kommt immer häufiger vor. Es folgen Zerrissenheit und Unsicherheit, schließlich eine Art Kapitulation. »Sie weisen Anzeichen für einen Verlust auf«, so die Autorinnen. Aus den vitalen Mädchen wurden stille, in sich gekehrte Wesen, die demonstriert bekamen, daß ihre Mütter bei Familienkonflikten regelmäßig nachgaben und verloren. Das prägt. Und so entwickeln sich viele Frauen oft in jenen Bereichen, die typische Männerdomänen sind, zu hilflosen Wesen, die scheinbar nicht bis drei zählen können. Das erledigen dann die Männer für sie, und viele Frauen sind froh darüber.
Aktien-Index, Termingeld, Investmentfonds, Anleihen, Nennwert, Schuldverschreibungen und Warentermingeschäfte sind Begriffe, die bei vielen Frauen ein Gefühl der Hilflosigkeit hervorrufen. Die Welt des großen Geldes ist in ihren Augen eine geschlossene Gesellschaft mit eigenen Spielregeln, die Hochachtung, aber auch das Gefühl von Ohmacht hervorruft. Je weniger frau die Regeln kennt und je weniger sie sich zutraut, dieses System zu durchschauen, desto größer ist die Angst vor Geldgeschäften.

Besonders große Schwierigkeiten (mit Geldgeschäften) haben auch Frauen, denen in ihrer Kindheit und Jugend widersprüchliche Botschaften vermittelt werden. Ein Beispiel: Die hochintelligente Tochter wird aufgefordert, Mathematik zu studieren, zugleich macht man ihr deutlich, daß sie nicht in der Lage ist, mit Geld umzugehen und für sich selbst zu sorgen.

»Gibt es Persönlichkeitsmerkmale, die zur Überschuldung prädestinieren?« war eine Frage, die den Mitarbeitern von rund 350 Schuldnerberatungsstellen in der Bundesrepublik im Rahmen einer Studie gestellt wurde. Die Untersuchung war vom Bundesfamilien- und -justizministerium gemeinsam in Auftrag gegeben und 1992 veröffentlicht worden. Ihr Titel lautet: *Überschuldungssituation und Schuldnerberatung in der Bundesrepublik Deutschland.* Nach dieser Umfrage nannten die Experten folgende Merkmale, die sie bei ihrer Klientel immer wieder beobachten konnten: »Naivität, Unerfahrenheit und Gutgläubigkeit«, ferner »Erziehungs- und Bildungsdefizite« und »der nicht gelernte Umgang mit Geld«.

»Ums Geld mache ich mir keine Sorgen«, bekam Ingrid Füller, Journalistin bei der *Frankfurter Rundschau,* 1994 von einer 29jährigen Hausfrau im Rahmen einer Recherche zum Thema »Frauen und Finanzen« anvertraut. Die Frau glaubt, daß der Ehemann, Manager in einem mittleren Betrieb, »so um die 5000 Mark verdient«. Aber genau weiß sie es nicht. »Man könnte meinen«, so Ingrid Füller, »dieses Verhalten gehört längst der Vergangenheit an.« Die Wirklichkeit sieht anders aus. Während manche Hausfrau der Meinung ist, sie sei gut versorgt, wenn ihr Mann nur gut verdiene, lassen andere Frauen ihr Vermögen im wahrsten Sinne des Wortes auf der Bank verkümmern, wie die Jour-

nalistin ebenfalls erfuhr. Da ist die knapp 40jährige Lehrerin, die geerbt hat und die fünfstellige Summe auf einem Sparbuch mit gesetzlicher Kündigungsfrist liegen läßt. Sie hat weder Zeit noch Lust, Zinssätze miteinander zu vergleichen und die besten Konditionen herauszuschlagen. Von mittel- oder langfrister Planung will sie nichts hören, sie will über ihr Geld sofort verfügen. Daß das bei einer gesetzlichen Kündigungsfrist auch nicht möglich ist, hat sie offensichtlich nicht bedacht. Wichtig ist ihr, das Sparbuch aufschlagen zu können und zu sehen: Das ist mein Geld.
Hilflosigkeit muß nicht immer in der großen Katastrophe enden. Die Skala reicht von ärgerlichen Nachteilen, wie Zinsverlusten etwa, bis zu existenzgefährdenden Situationen, wie sie Christel oder andere Frauen erlebt und erlitten haben. Sie haben einen hohen Preis für ihre Hilflosigkeit bezahlt. Einige haben Konsequenzen gezogen, doch andere haben die gleichen Fehler wiederholt, wie der nächste Fall zeigt.

5 Herta oder Einige machen immer die gleichen Fehler

Als Herta heiratet, ist sie zu jung, um zu wissen, was es heißt, sich mit einem Menschen einzulassen, der nie gelernt hat, Rücksicht auf andere zu nehmen. Dabei wird sie in ihrem Beruf als Polizistin täglich mit den Abgründen menschlicher Verhaltensweisen konfrontiert. Doch in ihrem Privatleben ist sie nicht in der Lage, sich gegen Gemeinheiten und Schikanen zur Wehr zu setzen. Heute – 20 Jahre später – ist die 45jährige immer noch kein bißchen vorsichtiger geworden.

Als sie ihren Mann kennenlernte, lebte sie alleine, war gerade aus ihrem Elternhaus ausgezogen, weg von einem Vater, der sie haßte. Er ignorierte das kleine Mädchen und sprach nur über die Mutter mit ihr. Er konnte mit einer Tochter nichts anfangen, und je älter Herta wurde, desto größer wurde seine Abneigung. Die Mutter ließ es geschehen.

Herta lernte ihren Mann in einer Kneipe kennen. Dort stand der selbstbewußte starke Typ meist im Mittelpunkt. Das stille, unscheinbare Mädchen bewunderte ihn vom Rand aus. Als er ihr seine Aufmerksamkeit schenkte, war sie glücklich. Kurze Zeit später wurde sie schwanger. Sie heirateten.

Die junge Frau spürte nicht, daß das Interesse ihres Mannes oberflächlich war. Ein schneller, liebloser Akt war für die unerfahrene 20jährige Beweis tiefer Zuneigung. Daß er sie schon bald – vor allem im Beisein anderer – kaum noch beachtete, hielt sie für selbstverständlich. Sie war nichts anderes gewohnt. Für die wenigen Augenblicke, in denen er sich mit ihr beschäftigte, war sie bereit, mit ihm durch die Hölle zu gehen.

Zunächst wohnten sie bei seiner Mutter, eine praktische Lösung vor allem für ihren Mann. Während sie und ihr Sohn mit der mißmutigen, mürrischen Schwiegermutter auf engstem Raum leben mußten, kam er nur, wenn er frische Kleider brauchte, essen wollte und schlafen mußte. Er war fast nie zu Hause, schon gar nicht, als der Sohn geboren war. Das Geschrei des Kindes störte ihn.

Seine Mutter verhätschelte ihn, ihren Liebling, bügelte seine Hemden, kochte ihm seine Lieblingsspeisen und umsorgte ihn wie einen seltenen prominenten Hotelgast. Die Schwiegertochter dagegen schikanierte sie nur oder ließ sie links liegen.

Irgendwann, Herta war erneut schwanger, zogen sie aus. Der Platz im Häuschen der Schwiegermutter war zu klein für eine weitere Person. Sie gingen in die nächstgrößere Stadt. Doch wenn Herta geglaubt hatte, nun werde sich ihr Mann mehr um sie und die Kinder kümmern, hatte sie sich getäuscht. Er kam weder seinen Pflichten als Ehemann und Vater nach, noch brachte er genügend Geld nach Hause.

Die junge Frau und Mutter mußte ihren aufreibenden Dienst bei der Polizei wieder aufnehmen. Daß der Gemahl zusätzlich einen funktionierenden Haushalt erwartete, mit gebügelten Hemden und warmem Essen zu jeder Tages- und Nachtzeit, stellte sie nie in Frage. Haushalt und Kinder, das hatte sie gelernt, waren Frauensache.

Sein Gehalt gab ihr Mann für teure Sportwagen aus. Am liebsten fuhr er Porsche. Und während er mit dem Wagen langsam Runde um Runde durch die Stadt drehte, schob sie Überstunden für die Butter auf dem Brot. Oft kam sie in der Nacht erst nach Hause, die Kinder hatten sich selbst versorgen müssen. Er saß dann meist noch in einer Kneipe und verzockte seine letzten Scheine oder schmiß eine Runde nach der anderen. Er war beliebt bei seinen Saufkumpanen und bei den einsamen Damen, die noch am Tresen standen.

Zu Hause erschien er am frühen Morgen, dann, wenn auch die letzte Pinte endgültig die Tür schloß. Betrunken zerrte er Herta dann an den Haaren aus dem Bett, um sie zu quälen. »Dein Vater hätte besser in den Fluß gewichst, statt dich zu zeugen«, grölte er und wartete hinterhältig auf Widerstand. Blieb der aus, setzte er noch eins drauf: »Du bist das Leben nicht wert«, schrie er, und dann verlangte er Essen und Sex.

Auch wenn sie als Polizistin die Staatsmacht verkörperte – als Ehefrau war sie ohnmächtig. Über zwanzig Jahre lang schwieg sie, setzte dem brutalen Mann nichts entgegen. Für Außenstehende waren sie ein normales gutbürgerliches Ehepaar. Auch wenn es mal etwas lauter wurde, mischte sich niemand ein. In welcher Ehe, so die landläufige Meinung, gibt es nicht hin und wieder Krach. Ab und zu muß der Herr des Hauses eben mal die Möbel geraderücken. Sie hielt das Bild aufrecht, bat niemanden um Hilfe, erzählte nicht, was sie ertragen mußte. »Ich habe schon als Kind meine Probleme alleine lösen müssen«, sagt die kleine, dünne Frau und fügt nach einer Weile hinzu: »Ich hätte ihn nie heiraten dürfen.«

Als ihr Mann sich eine 20jährige Freundin zulegt, magert sie lebensgefährlich ab. Nachdem sie in ihrer Wohnung zusammengebrochen ist, wird sie mit dem Notarzt ins Krankenhaus gebracht. Die Ärzte überweisen sie in die Psychiatrie. Ihre Kinder, inzwischen zwölf und 14 Jahre alt, müssen sich nun tagelang alleine versorgen. Ab und zu schaut eine Nachbarin vorbei. Der Vater kümmert sich nicht um sie. Er läßt sich auch zunächst nicht in der Klinik blicken. Sie liegt schon zwei Wochen dort, als er endlich auftaucht. Doch ihr Zustand interessiert ihn nicht. Er fragt nach ihrer Kreditkarte, die sie ihm auch überläßt. Als sie nach vier Wochen entlassen wird, fehlen achttausend Mark auf ihrem Konto.

Inzwischen verliert er seinen Job, von der Abfindung kauft er sich einen neuen Wagen. Er säuft weiter, wirft das Geld zum Fenster raus und schwängert zum guten Schluß seine Freundin. All das steckt Herta weg, wenn auch inzwischen mit zusammengebissenen Zähnen. «Ich wollte den Kindern nicht ihren Vater nehmen«, sagt sie später. Daß der sich kaum um die Buben kümmert, sieht sie nicht.

Doch dann bringt er das Faß zum Überlaufen. »Du weißt ja gar nicht, wie schwer es ist, wenn man zwei Frauen hat«, jammert er ihr vor und erwartet Kooperation. Am liebsten wäre ihm, seine Frau würde sich nun auch noch um die Freundin und sein drittes, außereheliches Kind kümmern. Herta geht endlich zum Anwalt.

Während ihres Aufenthaltes in der Psychiatrie hatte sie einen Mann kennengelernt und sich in ihn verliebt. Er ist der erste Mensch, der ihr zuhört, mit dem sie mehr als Alltägliches bereden kann. Er ist auch der erste Mensch in ihrem Leben, »der mich in den Arm nahm und zu mir sagte: ›Ich hab' dich lieb.‹«

Als sie sich nun von ihrem Mann trennt, trifft sie sich mit diesem Mann, und einige Wochen ist sie glücklich. Doch dann bekommt sie einen Anruf von einem Kollegen. Er erzählt ihr, daß die Polizei ihren neuen Freund sucht. Herta, die Beamtin, erfährt, daß sie sich in einen Bankräuber auf

Urlaub verliebt hat, der nach seinem Aufenthalt in der Klinik nicht in die Haftanstalt zurückgekehrt ist. Die rechtschaffene Staatsbeamtin fühlt sich betrogen und belogen. Nach dem ersten Schock stellt sie ihren Freund zur Rede. Der bestätigt die Information und ist voller Reue. Sie verzeiht ihm und beginnt für ihn zu kämpfen. Monatelang betreibt sie mit Verbissenheit seine Freilassung. Sie läuft von einem Anwalt zum nächsten, kümmert sich um psychiatrische Gutachten, legt sich mit Staatsanwaltschaft und Vollzugsbeamten an, um seine Lage im Gefängnis, wohin er auf ihr Bitten zurückgekehrt ist, zu verbessern. Sie riskiert fast ihren Job, vernachlässigt ihre Kinder und verschuldet sich für den Freund. Nach monatelangen Kämpfen hat sie es geschafft. Er wird auf Bewährung aus der Haft entlassen. Kopfüber hatte sich Herta in diese nächste Beziehung geworfen. Wieder lädt sie sich zuviel auf, nimmt auch das Leben dieses Mannes in ihre Hand. Er zieht bei ihr ein. Sie stürzt sich in die Job-Suche für ihn, geht nebenher arbeiten und versorgt die beiden Jungen, die auch noch bei ihr leben. Den neuen Mann kennenzulernen hat sie kaum Zeit. Sie weiß nicht, wie er im täglichen Umgang sein wird. Sie hat ihn immer nur in der Extremsituation erlebt. Er war in dieser Lage auf sie angewiesen, brauchte ihre Hilfe, ihre Kraft und Energie, ihre Verbindungen und ihr Geld. Wie er sich verhalten wird, wenn der ganz normale Alltag einzieht, das hat Herta bis jetzt noch nicht erfahren.

Für ein bißchen Aufmerksamkeit von ihrem Mann nahm Herta über zwanzig Jahre lang jede Zumutung in Kauf. Nach dem Motto: Besser Prügel und Beleidigungen als Nichtbeachtung.
Auch beim zweiten Mann genügt ein wenig Aufmerksamkeit, ein In-den-Arm-nehmen, ein »Ich hab' dich lieb«, um Herta in Gang zu setzen. Dafür ist sie bereit, ihm alles zu geben, sein Leben in ihre Hände zu nehmen.
Sie ist wie ein kleines Kind auf der Suche nach dem gütigen, weisen, vorbehaltlos liebenden Vater. In der Realität mußte sie doch einen hassenden, ablehnenden Vater ertragen. Irgendwann begann sie diese Realität zu verleugnen, um sich vor emotionalen Verletzungen zu schützen, um überleben zu können. Je rauher die Wirklichkeit ist, um so größer wird das Ideal, das sich in Menschen festsetzt. Auch bei Herta führte die Verleugnung der bitteren Realität zu dem unrealistischen Idealbild eines Vatermannes. Je ablehnender der Vater, desto stärker pflegte sie die Illusion eines »Göttergatten«.
Ein solcher Prozeß löst bei Dritten oft Erstaunen, ja Entsetzen aus. Glauben wir doch, daß ein solcher Vater das Gegenteil von Liebe hervorrufen müßte – Haß auf jeden Mann.
Doch die Kraft der inneren, illusionären Beziehungswünsche sorgt dafür, daß Herta jedes kritische Nachdenken schon zu Beginn der Beziehung ausblendet. Dies ist sie seit ihrer Kindheit gewöhnt, sie muß es nicht trainieren.
Herta hat gelernt, mit wenig zufrieden zu sein – vor allem mit minimalen Emotionen. Sie hat gelernt, in einer emotional rauhen Umgebung zu funktionieren. Dies ist ihr realer innerer Maßstab. Deshalb nimmt sie die Härten ihres Ehealltags auch lange nicht wahr – sie sind ihr nur zu vertraut.
Hertas Selbstwertgefühl ist schwer gestört. Und sie findet keinen Weg, um aus der Misere herauszukommen. Was sie braucht, ist ein verständnisvoller Mensch, dem sie vertraut und der ihr hilft, den Weg der Selbstachtung zu finden.

6 Frauen und (Ohn-) Macht, Männer und (Über-) Macht

»Geld und Macht sind das unzertrennliche Paar: unweigerlich zieht die Macht das Geld an; und umgekehrt folgt die Macht auf dem Fuße. Und die Liebe? Sie täuscht sich über sich selber, wähnt sich unabhängig von beiden und ist doch so leicht zu kassieren.«

Christel Dormagen: Geld, Macht, Liebe

Frauen und Macht, das paßt für viele nicht zusammen. Männer und Macht hingegen sehr wohl. Der Begriff Macht, in den siebziger Jahren Diskussionsthema Nr. 1 unter Deutschlands Feministinnen, wird von vielen Frauen noch immer gleichgesetzt mit Machtmißbrauch. Daß Macht nicht nur mißbraucht werden kann zur Unterdrückung anderer, sondern auch notwendig ist, um Menschen zu helfen, Ideen zu verwirklichen, vor allem aber nicht ohn-mächtig zu sein, wird von vielen Frauen nicht wahrgenommen. Dabei stammt das Wort Macht etymologisch nicht etwa von dem Verb »machen« ab, sondern von dem altgermanischen Wort »mögen«. Macht bezeichnet damit also die Fähigkeit, durch eigenes Vermögen und Können etwas zu bewegen.

Mit dieser ursprünglichen Definition könnten sich Frauen sicher eher anfreunden, doch die Realität, die Art, wie Macht in dieser Gesellschaft umgesetzt wird, sieht anders aus.

»Wo immer sich Macht angehäuft hat, mißtrauen wir, ob sie nicht mißbraucht wird. Und oft hat unser Mißtrauen recht. Die sozial Schwächeren, einst eine Zielgruppe sozialer Reformen, sehen sich in einem frostigen Ellenbogenklima von zunehmender Desintegration bedroht. Immer mehr Druck wird von oben nach unten weitergegeben – und ganz unten entflammt dann die Gewalttätigkeit, die sich in höheren Etagen mit sublimeren Methoden Luft machen kann, als rohe Barbarei«, schreibt Horst-Eberhard Richter in seinem Buch *Wer nicht leiden will, muß hassen.*

Für die amerikanische Autorin Marilyn French sind multinationale Konzerne der extremste, nicht mehr zu übertreffende Ausdruck patriarchalischer Werte. Die Konzentration von Macht und Herrschaft sei ihr einziges Ziel. Die Manager dieser Konzerne fühlten sich keiner einzelnen Nation zur Loyalität verpflichtet, zahlten keinen gerechten Steueranteil, kollaborierten mit allen sich anbietenden Staaten, ungeachtet von deren Politik und Moral. Die Menschen der Länder, in denen die Konzerne ihre Niederlassungen haben, seien ihnen ebenso gleichgültig wie die Natur als Lebensgrundlage aller Menschen.

»Das vorrangige Interesse dieser Elite ist es jedoch nicht, Friede und Eintracht auf der Welt zu schaffen oder dem Wohl der Menschheit zu dienen... Ihr Hauptinteresse ist nicht einmal die Erzielung von Profit, obwohl das eine wichtige Rolle spielt. Es geht ihnen vor allem um die Ausdehnung und Stabilisierung ihrer Macht – durch die Ausdehnung ihrer Herrschaft. Ihr Machtstreben ist daher unersättlich: Es gelangt nie ans Ziel, denn Macht kann man nie genug haben«, schreibt French.

Daß die Liebe zur Macht der »Dämon« der Menschen ist, schrieb schon 1881 Friedrich Nietzsche, der auch befürchtete, daß die Menschen nur glücklich sind, wenn dieser Dämon befriedigt wird. Als ein »komplexes Phänomen, zu dem unter anderem Besitztum, sozialer politischer Einfluß, soziale Schicht, Geschlecht, Alter und Verwandtschaftsgrad gehören«, bezeichnet die Autorin Helen Fisher die Macht in ihrem Buch *Anatomie der Liebe.* Macht ist für sie außerdem »ein dynamischer Prozeß und bedeutet Zugang zu einem Gefüge von Beziehungen, über das man andere überreden, bedrohen und beeinflussen kann, um den eigenen Willen durchzusetzen«.

Solche Menschen bezeichnet Erich Fromm in seinem Buch *Haben und Sein* als »Marketing-Charakter«. Er meint damit Menschen, in deren Welt immaterielle Werte wie Liebe, Solidarität oder Freundschaft nichts zu suchen haben, da die ihren Ambitionen, Macht und Reichtum anzuhäufen, nur im Wege stehen. »In Wirklichkeit steht dem Marketing-Charakter niemand nahe, nicht einmal er selbst.«

Wie sehr dies der traurigen Wahrheit entspricht, zeigt eine 1976 durchgeführte Untersuchung unter 250 Managern und Ingenieuren, die zu den führenden Persönlichkeiten der amerikanischen Gesellschaft zählen. Sie wurden nach ihren Gefühlen befragt. Keiner der Chefs konnte uneingeschränkt als liebesfähig bezeichnet werden, auch wenn fünf Prozent als »warm und liebevoll« eingestuft wurden. Alle übrigen brachten für ihre Mitmenschen bestenfalls »mäßige« Gefühle auf oder waren »ablehnend bis lebensfeindlich«.

In unserer modernen Gesellschaft ist Leistung oft das einzige Mittel, um Liebe und Anerkennung zu erhalten. Leistung ist nach Fromm die »Religion des Industriezeitalters« und macht die Menschen zu Dienern der Wirtschaft. Doch »wenn wirtschaftlicher Erfolg das wichtigste Lebensziel wird – oft auch unter Vernachlässigung zwischenmenschlich-emotionaler Bindung –, dann gilt auch: Der Zweck heiligt die Mittel. Notfalls ist man bereit, über Leichen zu gehen«, schreibt das Psychologenteam Jürgen Hesse und

Hans Christian Schrader in dem Buch *Die Neurosen der Chefs.* Wer jemals die Aussage »Macht macht krank« bezweifelte, wird nach der Lektüre einer Untersuchung der Kienbaum-Akademie, bei der mehr als 400 Führungskräfte befragt wurden, eines Besseren belehrt. Ein Drittel der Unternehmer weist demnach »Zeichen einer leichten Neurose« auf, ein weiteres Drittel kann getrost als »mittlere Neurotiker« bezeichnet werden und ein Prozent leidet sogar unter »schweren Neurosen«. Aussagen wie »Die Menschen sind von Natur aus böse« oder gar »Unwertes Leben sollte vernichtet werden« wurden von den Herren beim Ausfüllen der Fragebogen bejaht. Da die Umfrage anonym war, konnten die Chefs ihre Meinung ungeschminkt zu erkennen geben. Nach Meinung der Psychologen Hesse und Schrader, die diese Ergebnisse in ihrem Buch veröffentlichten, sind Deutschlands Bosse »narzißtisch, schizoid, paranoid, zwanghaft, aggressiv-autoritär, hysterisch, phobisch, depressiv, süchtig, psychosomatisch und kriminell«.
Mächtige Männer leiden außerdem, wie zahlreiche Untersuchungen weltweit zeigen, unter wesentlich mehr streßbedingten Erkrankungen als Frauen, haben eine kürzere Lebenserwartung und werden mit weitaus höherer Wahrscheinlichkeit abhängig von Drogen aller Art.
Das bleibt im übrigen nicht ohne Folgen, wie die Kienbaum-Studie zeigt. Je gestörter die Chefs, desto länger müssen die Firmen auf ihren Profit warten. »Bei Firmen mit neurotischen Führungskräften werden erst nach 58 Monaten, bei den anderen bereits nach 37 Monaten schwarze Zahlen geschrieben.«
Die Vorgesetzten behandeln ihre Mitarbeiter wie Sklaven und verbreiten ein Klima aus Angst und Schrecken, wie eine weitere Umfrage des Infas-Instituts ergab, die von

demselben Autoren-Duo in ihrem Buch *Krieg im Büro* veröffentlicht wurde. Danach nannten 40 Prozent der Befragten ihren »mißgelaunten Chef« als Ursache für das miserable Betriebsklima. Und gar 80 Prozent von rund 500 Anrufern einer Mobbing-Telefonaktion der Deutschen Angestellten Gewerkschaft in Berlin klagten über »Psychoterror am Arbeitsplatz«, über Abmahnungen, Herabsetzungen und Kündigungen. Die meisten Anrufe kamen von Frauen.

»Ursprung und erste Erfahrungen mit aktivem Machtgefühl und passivem Machterleben liegen in der Kindheit, in der wechselseitigen Interaktion zwischen Eltern und Kindern.« In der Familie »werden die Weichen für zukünftige Gewinner- und Verliererrollen gestellt, ob man gehemmt oder hemdsärmelig durch die Welt läuft und wie überhaupt das Weltbild aussieht«, schreiben Jürgen Hesse und Hans Christian Schrader.

Die Familie ist die erste Station, in der das Kind Macht erfährt. Dabei orientieren sich die Söhne stark an ihren Vätern. Diese führten früher, manchmal noch heute, ein strenges Regiment, in dem Zucht und Ordnung, Gehorsam und Befehle mehr gelten als Liebe und Güte: »Die Beziehungen zwischen sehr vielen Vätern und ihren Söhnen sind von einer rätselhaften Aggression, Abwertung und Boshaftigkeit seitens des Vaters gekennzeichnet. Die Ursachen dafür liegen wohl in der Kindheit des Vaters und in einer tiefen Unzufriedenheit des Mannes mit seiner eigenen Situation«, schreiben Cheryl Benard und Edith Schlaffer 1994 in ihrem Buch *Mütter machen Männer*. Der Titel des Buches widerspricht eigentlich ihrer Aussage, doch eine Seite weiter erläutern die Autorinnen: »Wir wollten uns ausschließlich auf die Mutter-Sohn-Beziehung konzentrieren, aber dieser Weg war nicht gangbar.

Wir stolperten sehr oft, und zwar fast immer über dasselbe: über die Väter.«
Und deren Liebe, schreibt Erich Fromm, sei oft im Gegensatz zur Mutterliebe »an Bedingungen geknüpft: Sie hängt von den Leistungen und dem guten Betragen des Kindes ab.«
Die Ursache für den Mißbrauch von Macht sind Angst, Haß und ein tiefes Gefühl von Minderwertigkeit. Wer als Kind nicht erlebt hat, daß die Welt gut ist und die Eltern liebevoll, gerecht und schützend, wer nur für Leistung Aufmerksamkeit bekam oder selbst dann noch Mißachtung erntete, der »zeigt vor allem Symptome wie schwere Kontaktstörungen, Mißtrauen, extreme Kränkbarkeit, Unberechenbarkeit sowie die Bereitschaft, andere tyrannisch-narzißtisch abzuqualifizieren und sich zum Maßstab aller Dinge zu machen« (Hesse / Schrader). Als Erwachsene präsentieren diese Menschen ihre Rechnung und geben zurück, was ihnen während ihrer Kindheit angetan wurde. Doch sie rächen sich nicht an den Verursachern ihres Leids, sondern lassen andere ihre Wut und ihre Macht spüren. Das sind dann wieder ihre Kinder, ihre Ehefrauen und ihre Untergebenen.
Die negativen Folgen lassen sich nicht nur in Betrieben bis auf den Pfennig ausrechnen, sie sind überall sichtbar: »Statt einer Humanisierung der politischen und wirtschaftlichen Kultur erleben wir mitten in den 90ern eine Zunahme von Gewalt auf allen Ebenen.« (Hesse / Schrader)
Wie der Ursprung des Wortes zeigt, befähigt Macht dazu, etwas zu bewegen. Sie ist also nicht notwendigerweise negativ. Macht kann auch besseren Fähigkeiten, physischer und psychischer Überlegenheit und einem größeren Wissen entspringen. Und der Wunsch nach Anerkennung und Einfluß

ist noch kein Indiz für einen neurotischen Charakter. Wenn jemand aus Stärke, Kreativität und Wissen nach Überlegenheit strebt, heißt das noch nicht, daß er, oben angekommen, seine Macht mißbrauchen wird. Wer nicht aus einem Gefühl von Minderwertigkeit, Angst oder Haß heraus Macht ausübt, der hat die Möglichkeit, viele Dinge positiv zu bewegen. Er kann Grenzen stecken, Übergriffe auf sich und andere abwehren, kann helfen und Positives erschaffen.
Doch der Weg nach oben ist steinig und erfordert viele Kämpfe. Und auch wenn man an der Spitze angekommen ist, muß man Verantwortung übernehmen, Arbeit delegieren, täglich neue Entscheidungen treffen, auch unliebsame, und dafür geradestehen.
Die ablehnende Haltung der Frauen, die Macht in ihre Hände zu nehmen, war auch immer ein Ausdruck ihrer Angst vor Verantwortung und deren Folgen. Es war lange nur eine kleine Gruppe, die einen Teil der Macht forderte. Erst allmählich wächst die Zahl der Frauen, die sich mit der zweiten Reihe nicht mehr zufriedengeben wollen. Mit ihrer bislang kritischen bis ängstlichen Haltung bestätigte die große Mehrzahl der Frauen die Überzeugung vieler Männer, Frauen seien nicht fähig, Macht auszuüben.
Macht war mir nie wichtig heißt ein Buch der Journalistin Uta van Steen, in dem sie Gespräche mit zwölf bekannten Journalistinnen über Beruf und Karriere, »alltägliche Probleme in einer von Männern dominierten Welt« führte. Von den zwölf bekannten Gesprächspartnerinnen gab es nur eine, die ehemalige stellvertretende Chefredakteurin der *Bild*-Zeitung, Eva Kohlrusch, die offen gestand: »Ich habe in meinem ganzen Leben immer Macht gewollt.« Die anderen wollten lieber darauf verzichten, taten dies sogar, nachdem sie es auf einen Chefsessel geschafft hatten, wie etwa

die erfolgreiche Journalistin Carola Stern. »Machtgefühle habe ich nie gehabt, schon weil es mir so schwergefallen ist, den Männern das Gesicht wegzunehmen«, erzählt sie über ihren Umgang mit männlichen Mitarbeitern während ihrer Zeit als Abteilungsleiterin im Westdeutschen Rundfunk. In ihrer Abteilung, so Carola Stern, habe ein Mann gearbeitet, der, wie sie festellte, die Redaktion betrogen und belogen hat. »Ich habe es wohl bemerkt und auch versucht, ihm das zu verstehen zu geben. Aber ihm das auf den Kopf zuzusagen… schrecklich. Ich dachte mir: Ich nehm' dem Mann das Gesicht. Gerade für diesen Mann ist es schon schlimm genug, als Vorgesetzte eine Frau zu haben…«

Und noch immer drücken sich Frauen um das offene Bekenntnis, an die Macht zu wollen, selbst wenn sie dort längst sind: »Ich stand immer in der Landschaft rum, oder die Partei guckte immer gerade in die Richtung, in der ich stand, wenn sie dringend eine Frau suchte«, sagte Heide Simonis, Ministerpräsidentin von Schleswig-Holstein und erste Landesherrin in der Geschichte der Bundesrepublik, in einem Interview. Das klingt, als wollte Heide Simonis von sich weisen, daß ihr Aufstieg etwas mit Qualifikation, Zielstrebigkeit, auch mit dem Wunsch nach Macht zu tun hat. Nicht nur sie, auch andere erfolgreiche Frauen vermitteln oft den Eindruck, als wäre ihr beruflicher Erfolg nicht das Produkt von harter Arbeit und zielgerichtetem Handeln, sondern reiner Zufall.

In den sechziger Jahren regte sich unter Amerikas und Europas Frauen zum erstenmal Widerstand gegen die ungleiche Verteilung der Macht. »Frauen an die Macht«, lautete die selbstbewußte Aufforderung. Es entstand eine neue weibliche Subkultur. Frauenkneipen, Frauenbuchläden, Frauengesundheits- und -beratungszentren, Frauenbe-

triebe und -initiativen aller Art wurden geplant und gegründet, aus- und umgebaut, kollektiv und einzeln geführt, oft mit großem Erfolg oder bis zum bitteren Ende.
Doch dann war plötzlich die Luft raus. Die Frauenbewegung, einst kraft- und machtvolle Vertretung vieler Frauen, versank kraft- und machtlos, ohne daß sie gewaltsam aufgelöst worden wäre. Keine großen Demonstrationen für die Rechte der Frauen, keine phantasievollen Aktionen, um auf die Chancenungleichheit hinzuweisen. Nur wenige haben sich auf den mühevollen Weg durch die Institutionen begeben, einige haben versucht, in Politik und Wirtschaft Fuß zu fassen, auch nach oben zu kommen, die meisten der alten Kämpferinnen aber haben sich in private Nischen zurückgezogen. »Unfaßliches« findet die Journalistin Marianne Weissberg unter den Frauen. Im Beruf seien sie »untertänig«, im trauten Heim »furchtbar, fruchtbar« und in puncto Beziehungen »unbelehrbar«. Fazit der Autorin: Frauenbewegung findet seit Jahren nur noch in den internationalen Fitneßzentren statt, und da fragt sich nicht nur Marianne Weissberg: »Hat die Frau den Verstand verloren?« und fordert ihre »lieben Mitschwestern« auf, gefälligst wieder »oben mit« (Verstand) zu erscheinen und sich endlich zu emanzipieren.
Seit Jahren fordern Politikerinnen »die Hälfte des Himmels, die Hälfte der Erde, die Hälfte der Macht« , wie es nicht nur die SPD-Europaabgeordnete Lissy Gröner formulierte, doch selbst für die Hälfte kämpfen viele nicht mal mit halbem Herzen. Also sitzen die Männer weiter auf den wichtigen Posten in Politik, Banken und Industrie, haben weltweit, statt der Hälfte, mehr als neunzig Prozent der ersten Reihe belegt. Die Frauen begnügen sich noch immer mit den hinteren Plätzen.

Von mächtigen Frauen und ohnmächtigen Männern

Nach Ansicht von Kulturanthropologinnen, Sprachforscherinnen und Historikerinnen befanden sich vor rund 15 000 Jahren die Frauen im Zentrum der Gesellschaft, Männer hingegen saßen an der Peripherie, bevor sie sich anschickten, das Matriarchat zu beenden und die Frauen an den Rand zu drängen. »Männliche Unruhe«, wie die englische Anthropologin Doris F. Jonas in dem Buch *Weib und Macht* schreibt, habe zur Machtübernahme geführt – nach Jahrtausenden.

Damals, zur Zeit der Jäger und Sammler, garantierten Frauen die Ernährung und damit das Überleben der Gruppe. Sie sammelten regelmäßig Pflanzen, Beeren und Wurzeln, während die Männer nur hin und wieder erjagtes Wild zur Ernährung beisteuerten. Auch wenn es Kritiker wie Hartmut Zinser gibt, der in seinem Buch *Der Mythos des Mutterrechts* an der Existenz des Matriarchats zweifelt, so haben Frauen wie die Prähistorikerin und Höhlenforscherin Marie E. P. König anhand von Untersuchungen verschiedener Höhlenmalereien »eine wachsende und wache Bewußtheit von der ›Mutter‹ als dem mächtigsten Grundelement des Lebens, einer Allgegenwart, die manchmal auch straft, der zu gehorchen ist und die man möglichst zu verwöhnen hat«, festgestellt.

Überlieferte Mythen und Glaubensvorstellungen bestätigen die starke Fixierung auf die Frau, die Mutter, auch wenn die Mythen nur mündlich überliefert sind. Danach wurden nicht Götter der Jagd oder des Krieges verehrt, sondern »lebenspendende Muttergottheiten, mit denen sich die Vorstellung von Wiedergeburt und später auch von Fruchtbarkeit, wie bei dem Konzept der ›Mutter Erde‹, und schließlich das sichere Gefühl der Fürsorge und des Schutzes verbanden« (Jonas).

Dies machte die Frauen vor mehr als 15 000 Jahren zur Göttin über Leben und Tod überall auf der Welt. Man fand ihre Spuren auf der mediterranen Inselwelt ebenso wie auf dem Festland. Die Ägypter nannten sie Isis oder Nuth, in China hieß sie Kwan-Yin, bei den Indern nannte man sie Shakti und Gaia oder Aphrodite in Griechenland. Sie herrschte über das Leben und beherrschte die Menschen – sie war personifizierte MACHT.

Zuviel Macht aber führte zum Mißbrauch. »Diener der Göttinen wurden kastriert. Sie trugen weibliche Kleidung. Sie wurden zu Domestiken der Priesterinnen.« (Jonas)

Und sie macht angst. Die überlieferten Geschichten über männermordende Amazonen, denen die Versklavung des anderen Geschlechts nachgesagt wird, von Medusa, dem geflügelten grauenerregenden Wesen mit Schlangenhaaren, die am Rande der Erde wohnte und deren Blick alles versteinern ließ – sie alle sind Ausdruck dieser Furcht. Auch die Volkssagen und Märchen von furchtbaren Hexen und bösen Zauberfeen, die mit Sprüchen und Giftgetränken ihre Opfer verzauberten, gegen die man(n) machtlos war, wirken bis in die heutige Zeit. Und jeder kennt die böse Schwiegermutter, die alle unter ihrer Fuchtel hat, aber auch die Übermutter, unter deren Regiment die Töchter stehen, während die Söhne unter ihrer Fürsorge zu ersticken drohen.

Die Macht der Frauen, auch wenn sie längst gebrochen wurde, ist bis zur heutigen Zeit noch immer ein reizvolles Thema auch für moderne Märchenerzähler. Sie haben in den letzten Jahren Frauen kreiert wie die *Hexen von Eastwick,* die selbst dem Teufel den Garaus machen, die mörderische Geliebte, die eine *Unheilvolle Affäre* heraufbeschwört, das psychopathische Kindermädchen, das *Die Hand an der Wiege* hat, die geifernde Ehefrau, die den *Rosenkrieg* entfacht, und schließlich *Die Teufelin,* die den eigenen Ehemann nebst Geliebter zur Strecke bringt. Zum Glück kann man(n) bei allen Geschichten nach 90 Minuten befreit aufatmen. Ist doch nur ein Märchen. Die Realität sieht anders aus, mindestens seit 12000 Jahren.

Der Rückschlag des (Macht-) Pendels

Experten gehen davon aus, daß die Macht der Frauen mit dem Aufkommen von Ackerbau und Viehzucht und der Erfindung der Pflugschar endete. Die Menschen wurden durch die neue Lebensform zur Seßhaftigkeit gezwungen, gleichzeitig war die Grundlage für das Eigentum gelegt. Für die harte Arbeit wurde jede Hand gebraucht. Nun standen jene Frauen hoch im Kurs, die viele Kinder gebären konnten. Die Veränderung der Lebensweise sorgte dafür, daß sich die Männer mehr und mehr in der Mitte des sozialen Lebens etablierten und schließlich das Kommando übernahmen. Für die Frauen, so Marilyn French, die Autorin des Buches *Jenseits der Macht,* brachte die neue Ordnung einen erheblichen Rechtsverlust mit sich. Konkurrenz, Besitz, Naturbeherrschung prägten fortan die Gesellschaft.
Aus dieser Zeit sind die ersten männlichen Gottheiten bekannt, die zunächst in friedlicher Koexistenz neben den weiblichen Gottheiten existierten, bis sich die Macht zugunsten der Männer endgültig verschob. Die Kulte der al-

ten Göttinnen existierten schließlich nur noch in Legenden und Märchen. Im Mittelpunkt stand Gottvater. In den christlich geprägten Religionen gab es nur noch die Jungfrau Maria am Rande. Islam und Judentum verbannten die Frauen ganz aus der Religion.
Bis zu Beginn unseres Jahrhunderts war die Entmachtung der Frau eine solche Selbstverständlichkeit – auch für die Frauen –, daß sie nicht einmal thematisiert wurde. Die männliche Ordnung wurde widerspruchslos hingenommen. Marilyn French stellt in ihrer Analyse *Jenseits der Macht* fest, daß »die patriarchalische Kultur im Grunde die einzige ist, die wir kennen«. Die Zeichen und Spuren anderer Lebensformen sind nur noch spärlich vorhanden, die vagen Hinweise werden verschieden interpretiert. Die Wertmaßstäbe des Patriarchats sind dagegen schon so lange die Norm, daß die Vorstellung von einer anderen Ordnung schwerfällt.
Kampf und Dominanz, militärische Stärke, Erhalt und Ausdehnung hierarchischer Ordnungsstrukturen sind die sichtbarsten Zeichen männlicher Macht. Patriarchalische Kulturen zeichnen sich aus durch eine außerordentlich große Differenzierung der Verwandtschaftsgrade, mehr Grenzen innerhalb der Familie (zum Beispiel erhöhtes Inzestgebot), Ablösung von der Großsippe, Herausbildung von Kernfamilien, Bildung kleinerer Wirtschaftseinheiten und verstärkte Rollenteilung. Weiterhin ist das Patriarchat verbunden mit der Vorstellung, daß in der Familie einer frei, eine abhängig ist.
Bis 1957 gab es patriarchalische Vorrechte in Deutschland, die tief in das Leben der Familie eingriffen. Danach besaß der Ehemann sämtliche Rechte an ihr. Sie selbst konnte nicht mal über ihre Mitgift oder die Hochzeitsgeschenke

frei verfügen. Bis 1994 machte das Namensrecht die deutschen Frauen zum Anhängsel ihrer Ehemänner oder Väter. Die Ausbildung der Mädchen war bis in die sechziger Jahre meist schlechter als die ihrer Brüder, wenn sie überhaupt eine erhielten. Nach dem Motto »Mädchen heiraten« wurde die Ausbildung zugunsten einer Aussteuer gespart. Frauen galten als weniger intelligent und wurden deshalb aus vielen Bereichen des Lebens ausgeschlossen, an ihren Herd und den Nachwuchs gebunden. Ohne Einwilligung des Gatten oder Vaters konnte eine Frau nicht mal arbeiten gehen. Beide hatten auch das Recht, sie zu züchtigen. Gewalt in der Ehe wurde erst Ende der siebziger Jahre von der Gesellschaft problematisiert, ebenso sexueller Mißbrauch, der zu 90 Prozent an Mädchen verübt wird.
In Ländern wie China und Indien werden Mädchen abgetrieben, weil man(n) sich einen Sohn wünscht. In allen Kriegen wurde und wird vergewaltigt und geschändet, und die sexuelle Ausbeutung der Frauen in der Dritten Welt durch Männer aus aller Welt ist ebenso selbstverständlich wie der Frauenhandel. Bleibt noch zu erwähnen, daß Frauen weltweit fast 90 Prozent der Arbeit leisten, aber nicht mal über zehn Prozent des gesamten Vermögens verfügen.
All dies geschah und geschieht mit dem Hinweis, Frauen seien das schwächere Geschlecht. Dabei ist der Prozentsatz weiblicher Babys, die das erste Lebenjahr überleben, größer als bei Knaben. Frauen werden älter als Männer, und sie können Schmerzen besser ertragen. Mädchen lernen früher sprechen, neigen zu weniger Sprachproblemen und sind bis zur Pubertät seltener krank. Sie reifen schneller als Jungen, haben im Schnitt bessere Schulnoten, und wenn man die Unterschiede im Körperbau berücksichtigt, dann sind ihre Leistungen im Sport gleich denen von Jungs. Auch

Universitätsabschlüsse von Studentinnen sind im Schnitt besser als die ihrer Kommilitonen. Dies belegen Studien in aller Welt. Dennoch hindert man sie seit Jahrhunderten am Aufstieg und weigert sich, die Macht mit ihnen auch nur zu teilen – zumindest bis vor wenigen Jahren. Als 1990 der Versicherungsriese Allianz sein Hundertjähriges feierte, verschickte man 780 Einladungskarten, zehn davon an Frauen. Die übrigen weiblichen Wesen sorgten an diesem Tag als Hostessen für das Wohl der Herrenrunde.

Bislang bestätigen die Ausnahmen die Regel. Dazu gehören Frauen wie Margaret Thatcher, erste englische Premierministerin, Tansu Ciller, erste Ministerpräsidentin und Regierungschefin der Türkei, oder Benazir Bhutto, Staatspräsidentin von Pakistan, aber auch Bundestagspräsidentin Rita Süssmuth, Bundesjustizministerin Sabine Leutheusser-Schnarrenberger oder Heide Simonis, Ministerpräsidentin von Schleswig-Holstein und damit erste weibliche Landesherrin seit Bestehen der Bundesrepublik.

Andere wiederum haben versucht, über ihre Männer und Söhne Einfluß zu nehmen. Doch das hat man ihnen meist heftig angekreidet. Jüngstes und bekanntestes Beispiel ist Hillary Clinton, Frau des amerikanischen Präsidenten. Ihren Ehrgeiz und Einfluß auf Bill Clinton und ihren klaren Willen zur Macht kommentierte die gesamte Weltpresse zum Teil mit bissigem Spott: »Hillarys Mann wird Präsident«, titelte die linke *tageszeitung* nach seiner Wahl. Nicht nur für die ewig gestrigen Chauvis, auch für die modernen Machos ist klar, daß hier die verkehrte Person die Hosen trägt. Der *Spiegel* wurde sogar biblisch und bezeichnete Hillary als »Sündenfall« und »Bürde des US-Präsidenten«. Auch Imelda Marcos, Witwe des gestorbenen philippinischen Diktators Ferdinand Marcos, gehörte zu denen, die hinter der Bühne agierten und dafür heftig ins Kreuzfeuer gerieten. Ihre Schuhsammlung war der Weltpresse wichtiger als die Verbrechen des Diktators. In diese Reihe gehört auch die Witwe Mao Tse-tungs und Winnie Mandela, die Ex-Frau des südafrikanischen Oberhaupts Nelson Mandela.

Von Margot Scheel, der ersten Frau des Ex-Bundespräsidenten Walter Scheel, wurde hämisch kolportiert, sie habe ihren Mann morgens mit dem Satz geweckt: »Aufstehen, Liebling, Karriere machen.« Vor ihr galt Wilhelmine Lübke, ebenfalls Präsidentengattin, als die eigentliche »Macht« am Rhein und nicht ihr Mann Heinrich, den man gerne als eine Art Trottel darstellte. Doch nicht nur in der Politik, auch in anderen Bereichen fehlte es nicht an Frauen, die ihren Einfluß geltend machen, aber dafür auch immer kritisiert wurden. Dazu zählt Yoko Ono, Witwe des erschossenen Beatles John Lennon, ebenso wie Jeanne-Claude Christo, die als ehrgeizige Antreiberin ihres Mannes gilt. Nicht ohne Grund: Inzwischen trägt sie den Vornamen ihres Gatten als Nachnamen und schärft jedem Gesprächspartner ein, daß sie beide »eine Person«, quasi ein duales System sind. Unter Kunstsammlern und Mitarbeitern gilt die französische Generalstochter als »teuflisch gerissene Geschäftsfrau«. Und dann gibt es noch Louise Piëch, Mutter von VW-Chef Ferdinand Piëch, über die ein Porsche-Vorstandsmitglied halb neidisch, halb ironisch gesagt haben soll, wenn er sie als Mutter gehabt hätte, wäre er mindestens Bundeskanzler geworden.

Jede und jeder kennt die berühmten, aber auch weniger berühmten Frauen, die ein Zipfelchen Macht in der Hand hielten, indem sie ihre Ehemänner oder Söhne inspiriert, angetrieben, beeinflußt und auch für sie intrigiert haben.

Doch dabei standen sie eben hinter den Kulissen und nicht auf der Bühne.
Langsam, ganz langsam aber beginnt die erste zaghafte Umverteilung von Macht und Einfluß. In der Wirtschaft auch deswegen, weil bis zum Jahr 2000 dringend qualifizierte Führungskräfte gebraucht werden. Das ist die Chance für Frauen, zumal ihnen ohnedies längst Führungsqualitäten nachgesagt werden, die kein Mann aufzuweisen hat. »Frauen sind kommunikativer, denken vernetzter, arbeiten lieber im Team«, schrieb Ursula Ott in der *Woche.* Und die Psychologen Hesse und Schrader bestätigen: »Der zeitgemäße Führungsstil liegt nicht mehr im männlich-autoritären Kontrollieren, sondern im einfühlsamen Motivieren der MitarbeiterInnen, vor allem in der Fähigkeit, sich immer wieder flexibel auf neue Veränderungen einstellen zu können«, und das, so ihr Fazit, könnten Frauen nun mal eindeutig besser. Frankreichs ehemalige Premierministerin Edith Cresson brachte es auf den Punkt: »Männer sind überall zu ersetzen. Nur nicht im Privatleben.«
Doch kaum sind die ersten Frauen angetreten, haben ihre Aufstiegserfolge nicht nur bei den Männern, sondern auch bei ihnen selbst zu Unruhe geführt. Die Männer erleben die Umverteilung als Bedrohung und das Stärkerwerden der Frauen als persönliche Schwächung. Die Frauen wiederum beklagen den Verlust von Emotionalität: »Es scheint so, daß die Frauen, die es geschafft haben, sich ihren Erfolg um den Preis der Liebe, ihres persönlichen Glücks errungen haben«, schreibt Christel Dormagen. Tatsächlich ist es so, daß die Mehrzahl der Karrierefrauen unverheiratet und kinderlos ist, während die meisten Männer in Top-Positionen von einer Ehefrau gestützt werden und auch auf Nachwuchs nicht verzichten müssen.

7 Männer und Geld

Einige private Betrachtungen über Vorbilder, Familientraditionen und Lebensumstände

Wie in den meisten Familien war auch mein Vater für das Geld zuständig, Mutter bekam Haushaltsgeld, die Kinder Taschengeld. Bis heute gehe ich davon aus, daß mir immer genügend Geld zur Verfügung steht, vielleicht, weil Geld kein Thema in unserer Familie war, von Ausnahmen abgesehen. Wir lernten als Kinder früh, daß man sparen muß, wenn man sich etwas leisten will. Schuldenmachen war unanständig und führte auch prompt, als mein Vater wegen eines Hauskaufs einen Kredit aufnahm, zu Unverständnis und heftigen Kontroversen zwischen meinem Vater und seinen Schwiegereltern.

Ich entstamme einer alten Bauernsippe. Rund 500 Jahre lang lebten meine Vorfahren von Viehzucht und Ackerbau. Mein Vater war der erste, der diesen Kreislauf unterbrach. Er studierte Jura. Für meine Großeltern Clara und Jakob war es selbstverständlich, daß Grund und Boden, das Vieh und die eingebrachte Ernte ihren eigentlichen Reichtum darstellen. Geld war lange nicht so wichtig. Sie ernährten sich von dem, was Vieh und Boden hergaben. Mein Großvater, ein kleiner Bauer, der nicht mehr als sieben Hektar bewirtschaftete, betrieb seinen Hof bis zum 77. Lebensjahr. Ich erlebte ihn als freien Mann, der unabhängig von Menschen und Geld sein Leben führte, abhängig nur vom Wechsel der Jahreszeiten, von Aussaat, Ernte und dem Rhythmus der Tiere. Geld war für ihn Mittel zum Zweck, wichtig bei Geschäftsabschlüssen, Ausdruck von Erfolg beim Handeln auf den Viehmärkten. Dabei schien ihm das Feilschen wichtiger als der Erlös. Und so passierte es einmal, daß Oma Clara beinahe einen großen Batzen Geldscheine, die er ein-

fach sorglos in die Hosentasche gesteckt und dort vergessen hatte, mitgewaschen und vernichtet hätte. Nur ihrer Sorgfalt war es zu verdanken, daß der Packen Geld dann doch noch auf dem Sparbuch landete. Clara war eben aus anderem Holz geschnitzt. Sie legte Pfennig auf Pfennig, sparte, hielt das Geld zusammen und predigte allen Sparsamkeit. Das aber hinderte sie nicht, ihren Kindern immer wieder großzügige Geldgeschenke zu machen. Auch wir, ihre Enkel, freuten uns über ihre »Zuschüsse« zu besonderen Gelegenheiten. Mein erstes Auto habe ich Großmutter zu verdanken.

Doch als die beiden starben, hatten sie gerade mal soviel auf der hohen Kante, daß es für die Beerdigung reichte. Ihr Hof, ihr Stückchen Land und fast leere Sparbücher waren die Hinterlassenschaft.

Im Haus und in Gelddingen hatte Oma Clara das Sagen. Das ging so weit, daß Ehemann Jakob selbst um seinen Rotwein und seine Pfeife kämpfen mußte. Meine Mutter erzog sie zu einem Muster an Sparsamkeit.

Sparbücher wurden in unserer Sippe von jeher bevorzugt. Auch wir Enkel kamen in den Genuß solcher finanziellen Polster.

In den sechziger Jahren, nachdem mein Vater Beamter geworden war, verließen wir die bäuerliche Welt und siedelten in die Großstadt um. Zum erstenmal bemerkte ich den Unterschied zwischen arm und reich. Auf dem Dorf war mir die Ungleichheit nie aufgefallen. Dort wurde nicht so intensiv mit Geld und Gut geprotzt, kaum jemand besaß Luxusgüter. Anschaffungen für Haus und Hof wurden gemacht, wenn sie notwendig waren. Was man nicht brauchte, wurde nicht gekauft. Der Wert eines Gegenstandes war vor allem sein Gebrauchswert. Man aß, wenn man Hunger hatte, man trank, wenn man Durst hatte, der Rest war Mühe und Arbeit.

Ich erinnere mich noch deutlich an den Aufruhr in meiner Familie, als mein Vater mit Hilfe eines Freundes und mit Krediten der Bank ein großes Mehrfamilienwohnhaus als Investitionsobjekt erwarb.

Wegen des Schuldenbergs kam es zwischen ihm und meinen Großeltern zum heftigen Streit. Sie befürchteten den totalen Ruin der gesamten Familie. Das Vermögen, das mein Vater bei der Bank aufgenommen hatte, überstieg die Vorstellung der alten Leute, die ihr ganzes Leben Pfennig auf Pfennig in ihre Geldkassette gelegt oder aufs Sparbuch gebracht hatten. Die Ängste meiner Großeltern und die Diskussionen blieben nicht ohne Folgen. Auch wir Kinder waren voller Angst und Sorgen, wenn wir an das Mietshaus und die vielen Schulden dachten. Doch die Rechnung meines Vaters ging auf. Mit dem Kauf des Hauses gelang es ihm, ein beträchtliches Vermögen anzuhäufen.

Die Charakterseite meines Vaters, zuverlässig zu sein und für finanzielle Sicherheit zu sorgen, habe ich übernommen, aber auch seine Risikofreude, die mir allerdings in meiner beruflichen Laufbahn hin und wieder erhebliche finanzielle Verluste eingebracht hat. Mehrere Gründungen von gutgemeinten, aber erfolglosen sozialen Initiativen gehören dazu. Doch ich vertraue den eigenen Kräften, habe keine Angst vor Schulden und Krediten.

Noch eine andere Art des Geldausgebens, wie mein Vater es betrieb, prägte mich und meinen Umgang mit Geld: seine Neigung, Geld ausschließlich für seine persönlichen Bedürfnisse zu verschwenden. Er trank gerne, rauchte viel und schaffte sich spontan Luxusgüter an. So wurde plötzlich ein neues Auto gekauft, mit dem er stolz und langsam durch seinen Geburtsort fuhr. Eine Besonderheit von ihm war, uns alle mit Geschenken zu überhäufen, wenn er einen Streit angezettelt hatte. Damit machte er in seinen Augen alles wieder gut. Es waren regelrechte Einkaufsorgien, die wir »feierten«. Wir Kinder konnten kaufen, was wir wollten, alles war erlaubt.

Das hinderte ihn nicht daran, sich ätzend über andere auszulassen, die sich Urlaubsreisen oder Luxusgüter gönnten. Er hielt uns lange Vorträge über die Notwendigkeit des Sparens und beharrte gleichzeitig auf seinem Recht, soviel Geld auszugeben, wie er wollte. Von seiner Kriegsopferrente gab er nie einen Pfennig an die Familie ab.

Ich riskierte in meinem Leben finanziell schon einiges. Doch die Gründung einer Familie hat mich inzwischen vorsichtiger werden lassen. Es gelingt mir immer besser, zu balancieren zwischen dem Bedürfnis nach bodenständiger Solidität und der Lust, mit dem Geld zu spielen.

Auch wenn ich ab und zu auf den großen Gewinn hoffe, sind meine Wünsche letztendlich bescheiden geblieben, geprägt von Großeltern mit Sparbüchern und Großvätern, die ihr Brot auf der Scholle verdient haben, von einer Mutter, die mit wenig Haushaltsgeld über die Runden kommen mußte, und einem Vater, dessen spontane Ausflüge in die große Finanzwelt doch nur bis zur nächsten Sparkasse führten und dessen größter finanzieller Sündenfall ein Ford V 6 war.

Kerle, Kies und Katastrophen

»Denn das runde Metall und das schwere Papier, das sie Geld nennen, das ist die wahre Gottheit der Weißen. Sprich einem Europäer vom Gott der Liebe – er verzieht sein Gesicht und lächelt. Lächelt über die Einfalt des Denkens. Reich ihm aber ein blankes, rundes Stück Metall oder ein großes, schweres Papier – alsogleich leuchten seine Augen, und viel Speichel tritt auf seine Lippen. Geld ist seine Liebe, Geld ist seine Gottheit…«

Südsee-Häuptling Tuiavii aus Tiavea

Sein erstes Geld hat der »Frankfurter Bub« Jürgen Schneider mit der Zucht und dem Verkauf von Dackeln gemacht. Das Geschäft mit den Welpen für 120 Mark das Stück fand er viel einträglicher als die mühsame Gartenarbeit, mit der sich seine Klassenkameraden ihr Taschengeld verdienten. Seine ersten Investitionen im Immobiliensektor waren Eigentumswohnungen, die er mit finanzieller Hilfe seiner Frau gekauft hatte. In das ganz große Immobiliengeschäft stieg der ehemalige Maurerlehrling und Student einer Technischen Hochschule dann mit Unterstützung der Banken ein.

Im Mai 1995 wurde der »Mega-Pleitier«, wie er unter anderem genannt wird, zusammen mit seiner Frau Claudia in Miami verhaftet. Dort wartet das Ehepaar auf seine Auslieferung an die Bundesrepublik, wo Jürgen Schneider der Prozeß wegen betrügerischen Bankrotts, Kreditbetrugs und Urkundenfälschung gemacht werden soll. Seiner Frau droht ein Verfahren wegen des Transfers von 245 Millionen Fluchtgeld. Laut Konkursverwalter belaufen sich die Forderungen der Banken und Handwerker auf fast acht Milliarden Mark.

Der Fall Schneider ist nur einer von vielen Finanzskandalen, die in den letzten Jahren durch die Presse gingen. Dafür stehen Namen wie Robert L. Vesco, der als »einer der größten Finanzschwindler aller Zeiten« in die Geschichte einging, weil er den IOS-Konzern um 224 Millionen Mark betrogen hatte, Werner Casper und Bernd Otto, die den coop-Konzern mit zwei Milliarden Mark in den Konkurs trieben und für sich selbst dabei 25 Millionen abzweigten, der »Sportboden-Bankrotteur« Friedel Balsam, Chef der weltweit größten Sportbodenherstellerfirma, dem vorgeworfen wird, durch illegale Devisenspekulationen, Luftgeschäfte und Krediterschleichung 45 Banken um rund 1,7 Milliarden Mark gebracht zu haben, Eduard Zwick, der Bäderkönig und Strauß-Freund, der in die Schweiz umgezo-

gen ist, weil ihm vorgeworfen wird, zusammen mit seinem Sohn 70 Millionen am Fiskus vorbeigemogelt zu haben, und ein Fall, der weltweit Aufsehen erregte: Nick Leeson, der 28jährige Devisenhändler, der von Singapur aus die traditionsreiche und feine Londoner Barings-Bank mit einem mißglückten Milliardendeal in den Ruin riß.
Nick Leeson wuchs als Sohn eines Gipsers in einem Londoner Vorort zusammen mit vier Geschwistern auf. In der Schule zeichnete er sich nicht durch besondere Leistungen aus, im Gegenteil. Bei der Abschlußprüfung fiel er fast in einem Fach durch: in Mathematik. Als 18jähriger begann er eine Lehre als Bankkaufmann. In drei Bankhäusern lernte er die Geheimnisse des Geldgeschäfts von der Pike auf. Sein letzter Arbeitgeber war die Barings-Bank, die er schließlich mit seinem gewagten Devisenpoker um fast zwei Milliarden Mark brachte. Der 28jährige verdiente in Singapur zuletzt jährlich rund eine halbe Million Mark. Die *Frankfurter Allgemeine* zitierte einen ehemaligen Kollegen von Leeson, der sagt: »Bevor es passierte, haben wir gedacht, er sei brillant.« Sein Arbeitgeber hielt ebenfalls große Stücke auf »den Mann mit den goldenen Fingern« und vergoldete ihm mit Bonuszahlungen in Millionenhöhe zusätzlich seine Dienste. Nick Leeson, der »ganz in seinem Beruf aufging«, wie ein anderer Kollege erzählte, und »keine Hobbys hatte«, scheiterte letztendlich an seiner mit »Arroganz gepaarten Selbstüberschätzung«.
Rund 800 Fälle von Wirtschaftskriminalität wurden 1994 vom Institut für Arbeits- und Sozialhygiene ausgewertet. Die überwiegende Mehrzahl waren ehrgeizige Aufsteiger aus der Mittelschicht. Die meisten verheiratet, mit guter Ausbildung. Die Hälfte von ihnen war selbständig oder saß in den Vorständen von Personen- und Kapitalgesellschaf-

ten. Bei über einem Drittel handelte es sich um Rückfalltäter, sie waren schon einmal wegen des gleichen Delikts verurteilt worden.
Die Jagd nach dem Geld, der Wunsch, reich zu sein, sei vor allem Ausdruck des Wunschs, so der Psychoanalytiker Otto Fenichel, »Macht und Achtung anderer Menschen und seiner selbst zu genießen«. Eine Gesellschaft, in der Macht und Achtung auf Geldbesitz beruhen, mache aus diesem Bedürfnis nach Macht und Achtung ein Bedürfnis nach Reichtum.
Der Volksmund weiß es schon lange: »Geld regiert die Welt«, und »Haste was, dann biste was«. Wo es herkommt, spielt erst dann eine Rolle, wenn der Besitzer zu hoch gepokert hat. Schneider, Balsam, Leeson und die anderen sind auffällig geworden, weil sie ihre Runden um das goldene Kalb zu schnell gedreht haben. Doch sie sind keine Ausnahmen in einer Gesellschaft, in der Geld längst zum Ersatz für Werte wie Liebe, Solidarität, Treue und Loyalität geworden ist, vor allem aber zum Ersatz für Religion, »die als Endzweck des Daseins ihre Kraft verloren hat«, wie der deutsche Philosoph Georg Simmel 1900 in seiner *Philosophie des Geldes* schrieb.
Geld symbolisiert Macht, Potenz, Sicherheit, Freiheit und ist zum Äquivalent aller Werte geworden und damit zum »Zentrum, in dem die entgegengesetztesten, fremdesten, fernsten Dinge ihr Gemeinsames finden und sich berühren« (Simmel). Damit wächst das Zutrauen in seine Allmacht. Die Jagd nach dem Geld aber ist nicht nur der Wunsch nach der »seligen Ruhe, die im Besitz des Erkämpften« liegt, sondern »der Preis des Suchens und Ringens nach Gott«, und das, meint Simmel, mag der Grund für die »Feindseligkeit« gewesen sein, die die Religion dem

Geld entgegenbrachte. Es war die instinktive Abneigung gegen die Ähnlichkeit zwischen Geldinteresse und religiösem Interesse – zwischen Geld und Gott –, bei der das Geld zur gefährlichsten Konkurrenz wurde.

Der Reiche wird besser bedient als der arme Schlucker. Der Käufer teurer Dinge, zum Beispiel der Besitzer einer Erste-Klasse-Karte, wird bevorzugt behandelt, obwohl die von ihm bezahlten Sachwerte damit oft wenig zu tun haben. Ein Beispiel dafür sind die S-Bahn-Züge oder Vorortzüge in Großstädten, die mit Erster- und Zweiter-Klasse-Waggons ausgestattet sind. Sie unterscheiden sich so gut wie nicht voneinander. Lediglich die Bezüge der Sitze sind von anderer Qualität. Ans Ziel kommt der Erster-Klasse-Fahrer genauso schnell und sicher wie der Passagier in der zweiten Klasse. Dennoch genießt er »Vorteile«, die dem Billigkonsumenten versagt bleiben. Mit dem höheren Preis für die Fahrkarte nämlich erkauft sich der Mensch das Zusammensein mit Personen, die sich ein solches Ticket leisten, um von der Masse abgeschlossen zu sein. Er hält sich für etwas Besseres und genießt auch tatsächlich ein höheres Ansehen.

Reichtum gilt quasi als moralisches Verdienst, während arme Menschen behandelt werden, als hätten sie sich etwas zuschulden kommen lassen. Selbst die gutmütigste Person fühlt sich dem Bettler auf der Straße gegenüber erhaben.

Die scheinbar unbegrenzte Freiheit der Verwendung des Geldes führt dazu, daß der Reiche nicht nur durch das wirkt, was er wirklich mit seinem Geld tut, sondern durch das, was er tun könnte. So ist sein Geld von zahllosen Verwendungsmöglichkeiten umgeben wie von einer Aura, die über das tatsächliche Potential des Geldes weit hinausgeht. Das Wort Vermögen macht dies deutlich. Kommt es doch

von Können und Imstandesein. »Dieser Wucherzins des Reichtums, dieser Vorteil, die er seinem Besitzer zuwachsen läßt, ohne daß dieser etwas aufzuwenden hätte, ist an die Geldform des Wertes geknüpft.« (Simmel)
Wo viel Geld ist, fließt noch mehr Geld hin, obwohl es nach der Logik der Moral eigentlich dorthin fließen müßte, wo keins ist.
Der Fall Schneider zeigt dies auf drastische Weise. Zu Beginn seiner Pleitenkarriere kaufte er den Frankfurter Fürstenhof für 45 Millionen Mark ein, sanierte ihn für 200 Millionen und verkaufte ihn für 450 Millionen an einen japanischen Investor. Fortan waren die Banken bereit, Schneiders Objekte großzügig zu finanzieren. Durch sein seriöses Auftreten, den Nachweis üppiger Festgeldkonten und schließlich auch mit gefälschten Zahlen brachte er es bei rund 50 Banken auf Milliardenschulden. Allzu leichtfertig hatten sie dem »gewöhnlichen Abstauber, der allzu lange seine Gesprächspartner blenden konnte« *(Spiegel)*, die Millionen hinterhergeworfen.
Der Machtcharakter des Geldes wird am stärksten von jenen Menschen empfunden, die nichts haben. Das hat sich seit dem Mittelalter nicht geändert. Im 13. Jahrhundert, als Kapitalvermögen aufkam, empfand das Volk dies als Bedrohung, und das nicht ohne Grund. Die Handelsaristokratie dieser Zeit betrieb einen gnadenlosen Mißbrauch mit ihrer Finanzmacht. Die Folge war, daß man bis heute glaubt, beim Entstehen großer Vermögen könne nicht alles mit rechten Dingen zugegangen sein. Die Erzählungen über den Ursprung mancher Vermögen, von Rothschilds bis Thurn und Taxis, hören sich an, als hätten nicht Menschen ihre Finger im Spiel gehabt, sondern böse Mächte.
Im 13. Jahrhundert wurde die mechanische Uhr erfunden,

das war die Zeit, als das Leben in den Städten eine geregelte Routine erforderlich machte. Fortan wurde stündlich die Zeit ausgerufen. Als im 16. Jahrhundert das Geld aufkam, begannen die Turmuhren alle Viertelstunde zu schlagen. Fortan war auch Zeit Geld.
Die Welt des Geldes führt dazu, daß die einstigen Werte in der Gesellschaft bestenfalls belächelt werden. Der Spruch über dem Schreibtisch eines amerikanischen Managers, über den Marilyn French berichtet, macht dies deutlich: »Noch mindestens ein weiteres Jahrhundert lang müssen wir uns selbst und anderen vormachen, fair sei foul und foul sei fair, denn foul ist nutzbringend, und fair ist es nicht. Habsucht, Wucher und arglistige Vorsicht müssen noch ein wenig länger unsere Götter sein.«
Die Korruption, von der die Weltgesundheitsorganisation sagt, von keiner »Krankheit« sei die Menschheit derzeit so befallen wie von ihr, gehört ebenfalls dazu. Ihre Spur zieht sich rund um den Globus bis nach Deutschland. »Korruptionsfreie Zonen« gibt es schon lange nicht mehr, die »Amigos« sitzen in allen Ländern, in jedem Bereich, in der freien Wirtschaft, in der Politik und der Verwaltung. Sie sind Nato-Generalsekretäre, Anwärter auf Präsidentenämter, Rechtsanwälte, Spitzenmanager oder kleine Angestellte im öffentlichen Dienst. Sie werden geschmiert von Waffenhändlern, von der Atomindustrie, von Bauunternehmern und Bordellbesitzern. Und sie werden ermutigt durch lasche Gesetze, die das »Anfüttern« von Beamten und Mitarbeitern nicht unter Strafe stellen. »Anfüttern« bedeutet, daß man einen Staatsdiener oder Mitarbeiter einer Firma langfristig kauft. Man steckt ihm über einen beliebigen Zeitraum immer wieder Geld und Geschenke zu, ohne dafür zunächst eine Gegenleistung zu verlangen. Die wird erst später ein-

gefordert. Solange dem Kassierer nicht nachgewiesen wird, daß er für dieses Bakschisch eine unmittelbare Leistung erbracht hat, die er laut Arbeitsvertrag nicht erbringen darf, kann er nicht verurteilt werden. Das »Anfüttern« ist längst zur Masche geworden, und die deutschen Steuergesetze runden das Ganze noch ab, denn Schmiergelder können als »nützliche Aufwendungen« beim Finanzamt geltend gemacht werden. Wer will da noch den 68ern widersprechen, die einst skandierten: »Wer das Geld hat, hat die Macht, und wer die Macht hat, hat das Recht.« Der Hit des Jahres 1995 von den *Prinzen* bringt es noch besser auf den Punkt: »Du mußt ein Schwein sein auf dieser Welt.«

Der Mann, der 1994 einem *Hör-Zu*-Journalisten anonym, aber unverblümt in den Notizblock diktierte: »Ich bin ein Kredithai«, kann das nur bestätigen. Mit miesen Tricks, die er freimütig schildert, ruiniert er die Menschen zu seinem Nutzen. »Den meisten, die zu mir kommen, steht das Wasser bis zum Hals. Bei mir legen sie sich dann endgültig den Strick um den Hals. Aber das ist nicht mein Problem.«

Die Menschen die vor ihm sitzen, sind jene, die wegen zu hoher Schulden oder zu geringem Einkommen bei keiner Bank Geld erhalten. Dazu gehört die 44jährige Marion, »eine gutmütige Hausfrau, die halbtags im Supermarkt arbeitet«. Marion hat 12000 Mark vom gemeinsamen Konto geholt, um sie einer Freundin zu leihen. Ihrem Ehemann hat sie nichts davon erzählt. Doch nun will der ein Auto kaufen. Innerhalb von drei Tagen muß Marion das Geld zurückgelegt haben. Als sie das triste Mietshaus verläßt, hat die Frau die Zusicherung, die 12000 in drei Tagen abholen zu können. Zurückzahlen wird sie fast das Doppelte: 21000 Mark.

Die Welt des Geldes funkioniert nach den Regeln von komplexen Organisationen und Ordnungssystemen, die von den wenigsten durchschaut werden. Gekauft und verkauft, verhandelt und abgeschlossen wird inzwischen nur noch per Computer, Fax, Telefon oder mail-box weltweit und in Sekundenschnelle. Der persönliche Handschlag besiegelt schon lange nicht mehr den Abschluß von Geschäften. Mittelpunkt des Geldes ist die Börse. Hier sind ökonomische Interessen und Werte vollständig auf ihren Geldausdruck reduziert. Die in Börsenform gehandelte Geldform kann in kürzester Zeit durch die größte Zahl von Händen gejagt und zigmal umgesetzt und vermehrt werden. Börsen sind der Ort, an dem der Einfluß des Geldes auf die Gesellschaft am sichtbarsten wird, Machtzentren, zu denen Frauen jahrhundertelang der Zutritt verwehrt war. Doch welche Folgen es hat, wenn man(n) sich verspekuliert, weil gesunder Geschäftssinn sich umwandelt in männlichen Größenwahn, in grenzenlose Selbst- und Fremdtäuschung, die meist verbunden ist mit der Neigung, überhöhte Risiken einzugehen, zeigt der Fall des Devisenhändlers Leeson.

Es gibt ein Suchtverhalten und ein vom Zweck geleitetes Verhalten. Essen, weil man Hunger hat, ist ein vom Zweck geleitetes Verhalten. Essen, ohne Hunger zu haben, ist eine Sucht. Das Verhalten von Jürgen Schneider und Nick Leeson gehört eindeutig in die letzte Kategorie. Doch während Freßsucht, Alkoholismus und Drogenabhängigkeit in unserer Gesellschaft weitgehend verurteilt werden – auch wenn sie reichlich vorhanden sind –, gilt die Sucht nach dem schnöden Mammon als erstrebenswerte Eigenschaft.

Die Welt des Geldes, in der nicht Gefühle, sondern Soll und Haben eine Rolle spielen, das ist (noch) die Welt der Männer. In ihr wird das Persönliche, das Besondere ausgeklammert. Im Gegensatz dazu gibt es eine weibliche, eine private Welt, in der Geld als Mittel dient, mehr Kommunikation herzustellen, Isolation abzubauen, Sicherheit zu erlangen, mit andern Worten: über das Materielle immaterielle Werte zu erhalten. Das Geld ist hier Mittel zum Zweck. In der männlichen Welt des Geldes hat es die gleiche Funktion, nur mit anderem Ziel. Hier tritt Geld an die Stelle persönlicher Verpflichtungen, wie der Begriff des »Freikaufens« deutlich macht.

Die Geldmittel in den Händen von Frauen sind nicht von der Sphäre unbegrenzter Möglichkeiten umgeben, weil sie von vorneherein und unmittelbar in sehr bestimmte Zwecke einmünden. Doch abgesehen davon stehen Frauen enorme Geldmengen auch (noch) nicht zur Verfügung. Erst langsam rücken sie vor in die Männerdomänen Bank und Börse.

Die meisten aber haben das Steuer auch privat nicht in der Hand, sondern sitzen bestenfalls auf dem Beifahrersitz. Dort machen sie es sich bequem und schauen im Zweifelsfall auch dann noch zu, wenn die Karre in den Dreck gelenkt wird. Manchmal haben sie sogar für den Sprit gesorgt. So wie Claudia Schneider, mit deren Geld ihr Mann die ersten Geschäfte machte, bevor sie die Reise in den Abgrund begannen.

8 Claudia Schneider oder Auf dem Beifahrersitz in den Abgrund

Geboren wurde sie mit einem goldenen Löffel im Mund, das Essen an ihrem 50. Geburtstag bekam sie im Blechnapf serviert.

Claudia Schneider-Granzow, Ehefrau von Jürgen Schneider, dem »größten Immobilienbankrotteur der Nachkriegsgeschichte«, vollendet ein halbes Jahrhundert Wohlstandsleben im Federal Detention Center von Miami, einem der modernsten Gefängnisse der Welt.

Ein Jahr nach seiner spektakulären Flucht aus Deutschland wurde das Paar im Mai 1995 in Florida verhaftet. Die Staatsanwaltschaft in Frankfurt am Main, die das Ehepaar zusammen mit den Medien rund um den Globus jagte, will die eher unbedarfte Ehefrau wenigstens wegen des »Transfers von 245 Millionen Mark Fluchtgeld« anklagen.

Die Staatsanwaltschaft – allen voran ihr Pressesprecher Job Tillmann – will die Ehefrau auf keinen Fall als unschuldiges Opfer sehen. »Schneider-Jäger« Staatsanwalt Dieter Haike sieht dies etwas differenzierter. Für ihn ist die Ehefrau des Baulöwen eher eine Randfigur: »Zwar gehören ihr auf dem Papier 50 Prozent der ›Dr. Jürgen Schneider, Claudia Schneider-Granzow GbR‹, doch als Miteigentümerin trat sie nach unseren Erkenntnissen praktisch nicht in Erscheinung«, sagt er.

Claudia Schneider ist der Inbegriff der Gattin, »der Frau an seiner Seite«, und so wird sie von den Medien auch dargestellt. Nur selten wird sie erwähnt und wenn, dann bemerkt die Journaille, daß sie ihrem Mann bei öffentlichen Auftritten die Fusseln vom Edelzwirn wischte. Ansonsten liest man über sie meist nur im Zusammenhang mit Spazierfahrten im blauen Porsche oder ihrer Teilnahme an Modeschauen, die von der Firma Schneider gesponsert wurden. Einzig einem Schreiber der *Frankfurter Allgemeinen Zeitung* war die Gattin ein paar Zeilen mehr wert. Er beschreibt, daß Jürgen Schneider im Gespräch nicht »ich«, sondern »wir« sage. Einbezogen werde damit in erster Linie seine Frau, »mit der er seit 28 Jahren sehr glücklich verheiratet ist«. Ansonsten blieb die Miteigentümerin des milliardenschweren Bauimperiums ohne Konturen.

»Sie war ein armes Luder«, berichtet einer, der mit den Schneiders lange Jahre Geschäfte machte und Einblick in ihr Privatleben bekam: »Als ich sie kennenlernte, hatte sie nicht nur keine eigenen Schecks in der Tasche, sie wußte nicht mal, wie man Schecks ausstellt«, erinnert sich der Mann. Gleichwohl war sie es, die ihrem Mann den Sprung ins Immobiliengeschäft finanziell ermöglichte.

In den sechziger Jahren lernt das Paar sich in Baden-Baden kennen. Als sie heiraten, ist die Tochter aus gutem Hause 21 Jahre alt und gerade volljährig. Er ist elf Jahre älter. Bald nach der Hochzeit kommt Sohn Nicolas zur Welt, später folgt Tochter Ysabell.

Als junges Mädchen jobt Claudia Schneider, geborene Granzow, als Modell für ein Versandhausunternehmen. Die Tochter eines Elektrogroßhändlers wächst in einer Villa in Baden-Baden heran, die dem zweiten Ehemann ihrer Mutter gehört. Der Stiefvater bringt einen Sohn mit in die Ehe: Michael, kurz Michi genannt. Das Verhältnis der Stiefgeschwister untereinander ist gut. Michael wird später Vorsitzender des Direktoriums der Dr.-Jürgen-Schneider-Stiftung. Für Claudia ist er »eine Art Beichtvater«, erzählt ein Bekannter der Familie.

Bruder Michi, der Beichtvater, ist offenkundig ein schlechter Berater, sonst hätte er seine Stiefschwester davor warnen müssen, ihr ererbtes Vermögen in die Firma ihres Mannes zu stecken, als der sich 1981 selbständig macht. Einschlägige Erfahrungen lagen vor, denn Jürgen Schneider hatte bereits den väterlichen Betrieb in den Sand gesetzt. Seiner Frau war dies nicht Warnung genug. Ihr Vertrauen in den gelernten Maurer, der später noch ein Betriebswirtschaftsstudium absolvierte, ist so groß, daß sie ihm den neuen Start, diesmal ins Immobiliengeschäft, finanziert.

Als Einsatz bringt sie ihren millionenschweren Anteil am Elektrogroßhandel des Vaters und das Elternhaus in Baden-Baden ein. Die Villa benötigte ihr Mann als zusätzliche Sicherheit für die Banken. Seine Schwiegermutter, so wird erzählt, hätte sich ungern darauf eingelassen, Tochter und Schwiegersohn den Familienbesitz schon zu Lebzeiten zu überschreiben. Das Verhältnis zu dem Schwiegersohn gilt als distanziert. Doch wegen der Tochter und den Enkeln habe sie schließlich eingewilligt, die Familienvilla zu übereignen. Als Sicherheit wurde für die alte Dame im Grundbuch eine Leibrente sowie das lebenslange Wohnrecht eingetragen. Nach der Flucht ihrer Tochter beklagte sich die Mutter, beide Garantien seien ohne ihre Zustimmung aus dem Grundbuch entfernt worden. Für die Mutter ein schmerzliches Erwachen, denn ihr Wohnhaus gehört heute zur Konkursmasse.

Bis in die achtziger Jahre war der große »Immobilienhai« eher ein kleiner Fisch. Der Kauf und Verkauf der Eigentumswohnungen brachte ihm jedoch genügend Kapital, um Anfang der neunziger Jahre in die Top-Garde der großen Immobilienmakler der Republik aufzusteigen. Für

45 Millionen Mark erwarb er den Fürstenhof, ein ehemaliges Nobelhotel in bester City-Lage. Für weitere 200 Millionen wurde der Bau aus der Jahrhundertwende »maßgeschneidert« saniert und nach einer langen Durststrecke zum großen Erstaunen der Branche schließlich für 450 Millionen Mark an japanische Investoren verkauft. Es war ein Sesam-öffne-dich-Geschäft, denn fortan standen ihm nicht nur die Türen von 46 Banken offen, sondern vor allem deren Tresore.

121 Nobelobjekte in 14 Städten hatten die Schneiders zum Schluß »gesammelt«. Viele Zahlungen wurden ohne präzise Buchhaltung über drei Privatkonten abgewickelt. Für jedes einzelne Objekt wurde eine Gesellschaft bürgerlichen Rechts (GbR) auf den Namen des Ehepaares gegründet. Die doppelte Haftung war einer der Gründe für die Bereitwilligkeit der Banken, Kredite zu gewähren, denn für die Banken ist diese Gesellschaftsform mit dem geringsten Risiko verbunden. Alle Gesellschafter einer GbR haften mit ihrem kompletten Privat- und Geschäftsvermögen. Da war bei Schneiders einiges zu holen, zumal er dafür sorgte, daß auf einem der Konten immer mehrere Millionen Mark bereitstanden.

Es folgte eine GbR-Gründung nach der anderen, wodurch Schneider, so wird in Branchenkreisen vermutet, offensichtlich den Überblick verlor. Doch statt auf die Bremse zu treten, gab er weiter Gas, und seine Frau saß wie das typische Weibchen daneben und sah zu. Ob sie allerdings in der Lage gewesen wäre, die geschäftlichen Schritte und die vielen Verästelungen der Firma nachzuvollziehen, wird von Bekannten vehement bezweifelt. Doch sie hat – und das ist sicher – allerdings auch nie den Versuch unternommen, sich zu informieren oder sich gar einzumischen. In der Firmenzentrale, bei geschäftlichen Besprechungen oder Abschlüssen tauchte sie nie auf. Statt dessen erteilte sie ihrem Mann eine Generalvollmacht und überließ ihm, ganz traditionell, das Steuer. Mit diesem von ihr erteilten »Freifahrtschein« konnte er ungehindert und ohne Kontrolle Geschäfte abschließen.

Obwohl formell vollwertiger Geschäftspartner, war Claudia Schneider ihrem Mann nicht ebenbürtig. Sie gilt seit Jahren als alkoholkrank. Freunde berichten von Sauforgien und durchzechten Nächten zusammen mit der »Darmstadt-Connection«, einer Gruppe von Kommilitonen aus der Studienzeit ihres Mannes. Mit dieser Clique sah man das Paar durch die Kneipen der hessischen Provinzstadt ziehen. Die Alkoholkrankheit Claudias sorgte vermutlich für eine starke emotionale Abhängigkeit von ihrem Mann und verhinderte, daß sie sich zu einer eigenständigen Persönlichkeit entwickelte. Eine frühere Freundin erinnert sich, Jürgen Schneider habe seine Frau wie ein Kind behandelt. Sie habe sich dagegen nicht gewehrt, war außerstande, ihrem Mann Grenzen zu setzen. Konfliktunfähig, überließ sie ihm die Geschäfte, ein geradezu selbstmörderisches Verhalten, wie sich nun zeigt.

Auslauf gewährte er ihr bei privaten Aktivitäten. So übernahm sie die Führung, wenn der Schneider-Clan in das Stammrestaurant der Familie einfiel. In der Königsteiner »Ratsstube« inszenierte das ehemalige Modell ihren wöchentlichen Privatauftritt. Claudia übernahm die Bestellung für ihren Mann, der meist nicht einmal die Speisekarte in die Hand nahm. Für die Mutter mußte immer der richtige Wein kühl stehen, für den Ehemann die richtige Hausmannskost auf den Tisch gebracht werden, die er – im Gegensatz zu ihr – einem extravaganten Essen vorzog.

»Wenn es nicht nach ihrem Wunsch ging, konnte sie unleidlich werden, doch wenn alles stimmte, gab sie reichlich Trinkgeld«, erzählt einer der Kellner. Sie arrangierte, bestellte und überwachte alles, und zum Schluß bezahlte sie persönlich. Neben ihrer Mutter waren häufig ihre erwachsenen Kinder dabei. In diesem überschaubaren Rahmen spielte sie die erfolgreiche Geschäftsfrau, die sie nicht war: »Alles mußte stimmen«, erinnert sich der Restaurantbesitzer. Jedes Detail wurde besprochen und vorbestellt

»Sie aß gern das Außergewöhnliche«, erzählt er, »und trank Champagner. Aber sie hat nie mehr als zwei Gläser getrunken«, beeilt er sich zu sagen. Der ehemalige Restaurantbesitzer schwärmt noch immer für die Schneiders, obgleich auch er von dem Zusammenbruch ihres Bauimperiums geschädigt wurde. Wenige Wochen vor der Flucht kauften ihm Schneiders seine Ratsstube ab. Für die drei Gebäude aus den Jahren 1678–1870 machte das Ehepaar große Pläne: »Die wollten das zu einem Superschuppen ausbauen.« Von der ausgemachten Kaufsumme fehlen noch immer 200000 Mark. Zum Vertragsabschluß erschien »Superfrau« Claudia nicht, obwohl sie noch samstags zuvor den Ton angegeben hatte.

Für den ehemaligen Restaurantbesitzer bleibt sie ein »Bombenweib«, auf das er nichts kommen läßt. Immer perfekt gekleidet sei sie gewesen, immer super frisiert. Auch an ihre Vorliebe für protzigen Schmuck erinnert er sich genau: »Selbst wenn sie nur in Jeans und T-Shirt auftauchte, trug sie Gold und Silber.«

Einige Kilometer weiter, in Darmstadt, spottet man über das »Lametta« der Frau Schneider und witzelt über den »Volksschauspieler mit Toupet«, ihren Mann. »Dallas war dagegen ein Scheißdreck«, äußert sich ein Architekt und

nennt den Immobilienhai einen »schlicht gestrickten Typen«.
Das Bild, das das Paar mit dem Allerweltsnamen dagegen der Öffentlichkeit präsentierte, war das eines Ehepaares aus dem letzten Jahrhundert. Auf offiziellen Fotos posiert das ehemalige Modell mit gequältem Lächeln, steif in einem alten Stuhl sitzend. Mal trägt sie ein Pünktchenkleid, mal ein weißes Kostüm. Er steht im dunklen Einreiher mit Einstecktuch hinter ihr, die rechte Hand fest auf ihrer Schulter, so als wolle er sie daran hindern, aufzuspringen und fortzulaufen. Im Hintergrund eine schwere Bücherwand mit den Folianten alter Dichter und Denker.
Am offiziellen gesellschaftlichen Leben nahmen die Schneiders selten teil. Weder auf dem Golf- noch auf dem Tennisplatz sah man sie oder ihn. Unsicherheit wird dem Baulöwen und seiner Gemahlin nachgesagt. »Der war doch nicht mal in der Lage, in ein Restaurant zu gehen und nach einem für ihn bestellten Tisch zu fragen«, bestätigt ein Insider die Arbeitsteilung des Ehepaares. Nach seiner Beobachtung hatte Schneider Angst vor unerwarteten Begegnungen, weil er nicht wußte, über was er reden sollte, wenn er mit der Society verkehren mußte. So erklärt sich auch die Abneigung Schneiders gegen »Sekttrinker und Schlipsträger«, die er einmal in einem Interview äußerte.
War es der Größenwahn kleiner Geister, der für die Jahrhundertpleite sorgte? Hatten sie beide – Claudia und ihr Mann – die Orientierung verloren beim Jonglieren mit den Milliardensummen? Es steht zu vermuten, daß der Tochter eines Elektrogroßhändlers und dem Sohn eines Bauunternehmers der Realitätssinn abhanden gekommen ist, bei all der Aufmerksamkeit, die man ihnen entgegenbrachte. Je länger ihnen Applaus entgegengebracht wurde,

je häufiger Lobreden von Oberbürgermeistern und anderen Honoratioren auf sie gehalten wurden, um so mehr verloren sie die Bodenhaftung. Claudia Schneider und ihr Mann lebten nur noch auf dem roten Teppich, der allzu oft für sie ausgerollt wurde.

Das Bild des erfolgreichen Baulöwen hat die Presse kräftig mitgezeichnet. Vom »Macher der Region« ist da die Rede *(Frankfurter Allgemeine Zeitung)*, vom »guten Mensch von Königstein« *(Frankfurter Neue Presse)*, von dem »Baukönig« *(Bild)* und dem »modernen Mäzen mit Kämpferherz« *(Frankfurter Neue Presse)*.

Wem so viel Lobgesang entgegengebracht wird, der kann schon mal auf die Idee kommen, er wäre das Zentrum der Welt. Wie sehr Jürgen Schneider sich und die Seinen dafür hielt, zeigt eine kleine Episode, die er der Journalistin des Szeneblatts *Journal Frankfurt* erzählte. Neulich sei seine Tochter beim Kauf eines Flugtickets angesprochen worden, ob sie mit dem Investor Schneider verwandt sei. »So muß es sein«, freute sich der erfolgsverwöhnte Milliardenjongleur, der »auf seinen Doktortitel wie ein kleiner Emporkömmling stets gesteigerten Wert legte« (*Stuttgarter Zeitung*).

Die Gier nach Reichtum, Anerkennung und Macht hat das Ehepaar geprägt. »Und hast du einen Sack voll Geld, dann scheißt du auf die ganze Welt. Spielst den ›Baron‹ in der Bretagne und sagst ade der Streßkampagne...« Diese selbstverfaßten Zeilen, die die Schneiders einem ihrer Freunde zum 50. Geburtstag widmeten, offenbaren den dringenden Wunsch nach gesellschaftlicher Anerkennung und jeder Menge Kohle. Dieses Ziel bestimmte in den letzten Jahren vor allem sein Handeln und ließ ihn Risiken eingehen, die den Zusammenbruch seines Imperiums zur Folge hatten, doch nicht nur ihn, sondern auch seine Familie mit sich rissen. Am stärksten betroffen davon ist seine Frau, die nicht nur ihr gesamtes Erbe verlor, sondern heute nicht mal mehr ein Dach über dem Kopf hat.

Das inzwischen verkaufte Privathaus der Schneiders im hessischen Nobelort Königstein-Johanniswald wirkt wie eine kleinbürgerliche Trutzburg. Ein mehr als drei Meter hoher Zaun, mit martialisch aussehenden Spitzen, versperrt den Zugang auf der linken Seite des Grundstücks, während rechts hohe Bäume und dichtes Gebüsch Einblick und Betreten verhindern. Der Haupteingang ist doppelt gesichert. Dennoch läßt die schmiedeeiserne Tür einen Blick auf das tafelgroße Bronzeschild zu. »Dr. Schneider« ist darauf zu lesen. Und dann fällt dem Besucher ein, daß böse Zungen behaupten, der Doktortitel sei in Graz »gekauft« worden.

Der ehemalige Familienbesitz, von dem Jürgen Schneider stolz berichtete, er habe ihn eigenhändig mitgemauert, liegt in einer Gegend, in der man keine nachbarschaftlichen Beziehungen pflegt. Man sieht kaum Menschen auf den Straßen, an vielen Türen stehen nur die Initialen der Bewohner. Die Nachbarin von Schneiders bestätigt prompt, daß ein Schwätzchen über den Gartenzaun in dieser Gegend nicht üblich sei und sie die Schneiders all die Jahre nur beim Rein- und Rausfahren auf ihrem Grundstück gesehen habe.

Auffällig an dem haushohen schmiedeeisernen Tor des Schneider-Hauses sind die goldenen Verzierungen und die riesigen, mit schweren Eisenketten verbundenen Poller, die vor dem Haus ein winziges Stück Vorgarten begrenzen. Sie sind, wie das Imperium, das der »Luxussanierer« aus dem Boden stampfte, einige Nummern zu groß geraten.

46 Banken und eine nicht gezählte Menge von Handwerkern ließ er auf einem Schuldenberg von fast acht Milliar-

den Mark sitzen. Inzwischen hat sich Jürgen Schneider aus dem Knast in Miami gemeldet. In einem Exklusivinterview, das er der Zeitschrift *Focus* gab – und für das eine Million Mark verlangt worden sein soll –, beschuldigt er vor allem die Deutsche Bank und droht mit der Offenlegung brisanter Informationen. Der Inhaftierte wurde im Beisein seines Anwalts, aber ohne seine Frau interviewt. Ob die Miteigentümerin Claudia Schneider-Granzow etwas zum Zusammenbruch der Firma zu sagen hat, interessiert niemanden. Fünfzig Fragen stellten die *Focus*-Redakteure dem Inhaftierten. Nur eine galt der Ehegattin: »Dürfen Sie Ihre Frau sehen?« Und Jürgen Schneider antwortete: »Grundsätzlich darf ich meine Frau nicht sehen, aber wenn Dinge für das Gericht zu besprechen sind, und das ist ja nun sehr oft der Fall, dann kommen die Anwälte. Bei dieser Gelegenheit können wir uns natürlich sehen. Das ist für mich sehr wichtig und für sie auch…« Kein Wort darüber, wie es seiner Frau geht, wie sie das Leben in einem Gefängnis im heißen Florida erträgt, in dem die Klimaanlage nicht funktioniert, was ausgiebig erörtert wird, und wo ein Hofgang nicht gestattet ist.

Mitgegangen, mitgefangen, mitgehangen, die alte Binsenweisheit paßt auf Claudia Schneider-Granzow so gut wie derzeit auf keine zweite Frau in der Bundesrepublik. Die Aktivitäten, die sie letztendlich hinter die elektronisch gesicherten Schlösser des amerikanischen Superknasts brachten, gingen von ihrem Mann aus. Daß der Unternehmer sein Firmenimperium als »Closed Shop« nach einem schlichten System um sich und seine Frau gruppiert hatte, wurde als »typische Mittelständler-Attitüde« abgetan. Daß dahinter Absicht steckte, steht heute für einige fest. »Der hat schon immer versucht, die Leute zu bescheißen, erst

um 8,20 Mark, später um acht Milliarden«, sagt einer, der einst Bankgeschäfte mit ihm abwickelte.
Claudia Schneiders Alkoholkrankheit ist sicher einer der Gründe, warum ihr offensichtlich Wesentliches entging, selbst wenn es vor ihrer Nase lag, wie der Ratgeber, den man auf Schneiders Nachttisch fand. *Schach dem Schuldner* lautet der Titel. Es ist ein Handbuch, in dem steht, wie man vor seinen Gläubigern in Deckung geht, ums Steuerzahlen herumkommt und sich seiner finanziellen Verantwortung entzieht. »Das muß sie zumindest gesehen haben«, meint ein Wirtschaftsjournalist, der sich seit Schneiders Flucht mit dem »Immobilien-Bankrotteur« und seinen Geschäften herumschlägt.
Er ist nicht der einzige, dem der Durchblick schwerfällt, denn Schneider ist einer, der sich von niemandem in die Karten schauen ließ. Laut *Bild*-Zeitung »wachte die mondäne Ehefrau über die geheimen Konten ihres Ehemannes«. Ihr Zahlengedächtnis sei phänomenal gewesen, alle Codenummern der Schneider-Konten habe sie im Kopf gehabt. Kaum zu glauben, denn Jürgen Schneider galt als einer, der nichts delegieren konnte, auch wenn er in der *FAZ* als Mensch mit »Team-Geist« beschrieben wurde, der sich »weniger als einsamer Macher an der Spitze sieht«. Morgens um sechs Uhr saß er bereits an seinem Schreibtisch, lange bevor die ersten Mitarbeiter in der Firmenzentrale eintrafen. Er unterschrieb eigenhändig jede noch so kleine Überweisung.
Diese immer wieder gerühmte Strebsamkeit und sein Auftreten, das eher zu einem Fabrikbesitzer aus der Zeit des Frühkapitalismus paßte als zu einem modernen Firmenmanager, hat vielen wohl den Blick auf seine Geschäfte verstellt. Als die Firma bei den Handwerkern nämlich immer

unbeliebter wurde und die Branche schon per Annonce »Schneider-Opfer« aus der eigenen Zunft suchte, die sich von Schneider um ihr Geld betrogen fühlten, galt das Unternehmen bei den Banken noch immer als »in sich tragfähig und solide finanziert«. Den Verantwortlichen verschloß Ignoranz und Profitgier offenkundig die Augen. Und so war Schneider für sie selbst dann noch ein akzeptabler Geschäftspartner – und für seine Frau immer noch unumstrittenes Oberhaupt –, als sein Umgang mit den Handwerkern von einem Gericht als »betrügerisches System« klassifiziert wurde.

»Sein umwerfender Charme hat alle betört«, vertrauen einige Zeitgenossen der Presse nach seinem Verschwinden an. »Es war eine so schöne Arbeit«, schwärmt ein Mitarbeiter in der Königsteiner Konzernzentrale, der Chef habe »viel Gutes gemacht«.

Daß das Ehepaar von dem bevorstehenden Zusammenbruch seiner Firma wußte und nicht, wie behauptet, mal ausspannen wollte, macht eine kleine unbedeutende Szene deutlich, die ein Kellner erzählt. Kurz vor seinem Verschwinden saß das Paar in dem Restaurant, in dem dieser Kellner bediente. Beide seien sehr deprimiert gewesen an diesem Abend. »Er hat ihr immer wieder die Hand gestreichelt und gesagt: ›Es wird schon nicht so schlimm werden, du wirst sehen, es wird alles gutgehen.‹«

Das Ende der Flucht kam für Claudia Schneider genau einen Tag vor ihrem 50. Geburtstag. Die Blondine wartete im Hollywoodvorort Hallandale nördlich von Miami auf die Rückkehr ihres Mannes, der in die Stadt gefahren war. Statt seiner kam das FBI in den Alexander Tower, wo das Ehepaar für eine Wohnung mit Meeresblick rund 3000 Mark Miete im Monat zahlte.

Wortlos ließ sie sich die Handschellen anlegen und abführen.

Für die erfolgsverwöhnte Claudia, von der es zahlreiche Fotos gibt, auf denen das ehemalige Modell blendend aussieht, muß das Polizeifoto, das rund um die Welt ging, eine Erniedrigung besonderer Art gewesen sein. Statt der sonst so kunstvoll frisierten Locken klebt das nachlässig zusammengebundene Haar an ihrem Kopf. Das Gesicht, ehemals sorgfältig geschminkt und gepudert, glänzt wie eine Speckschwarte. Die Frau wirkt zwanzig Jahre älter. Während ihr Mann fast gelassen in die Polizeikamera schaut, sieht sie nach unten, als würde sie am liebsten im Boden versinken.

»Geld war sein einziger Gedanke, immer nur Geld«, schreibt die *tageszeitung* vier Tage nach seiner Verhaftung über Jürgen Schneider. Die Ehefrau ist den Medien auch jetzt keinen Satz wert.

Claudia Schneider ist nicht mehr an dem Elektrogroßhandel ihres Vaters beteiligt. Die Witwe aus der zweiten Ehe des Vaters hat ihre Anteile eingezogen und übernommen. Dafür bekommt der Konkursverwalter in Frankfurt einen Abfindungsanspruch.

Nach ihrer Haft haben die Schneiders – zumindest offiziell – nicht mal mehr ein Dach über dem Kopf, es sei denn, ihre Kinder hätten vorgesorgt. Der Königsteiner Familienbesitz ist für über zwei Millionen Mark von einer Bank ersteigert worden.

Nichts ist übriggeblieben, außer Milliardenschulden. Dies ist das Ende hochfliegender Träume, das Ergebnis einer schier unersättlichen Gier. Die Geschichte der Claudia Schneider erinnert an das Märchen vom Fischer und seiner Frau. Auch sie wollte immer höher hinaus und landete schließlich in ihrer alten Hütte in bitterer Armut. Einziger

Unterschied: Des Fischers Frau wurde, im Gegensatz zu des Schneiders Frau, nicht vor Gericht gestellt.
Die Mischung aus Liebe und Geld führte sie unmittelbar in den Ruin. Sie ist am Ende des Regenbogens angekommen. Mit dem Verlust von Hab, Gut, Status, sozialer Anerkennung und der Abkehr vieler Freunde zahlt Claudia Schneider-Granzow mit für die protzige Pleite ihres Mannes, »der sich zum sozialen Wohltäter stilisiert hatte« (*Süddeutsche Zeitung*). Sie zahlt, weil sie sich nicht einmischte, sich blind auf ihren Mann verließ, keine Verantwortung übernahm und weil sie der Erotik des Geldes nicht widerstehen konnte. So wie Käthe, deren Schicksal im nächsten Kapitel beschrieben wird.

9 Käthe oder Die Erotik des Geldes

Zwei Frauen stehen auf einer Party zusammen und beobachten einen Gast, der, in ein Buch versunken, vor der riesigen Bibliothek des Gastgebers steht. »Ich glaube, der hat echt was auf'm Kasten!« sagt die eine. »Aber nix auf'm Konto«, antwortet prompt die andere. Peter Gaymanns Comic, unter der Rubrik *»Die Paar-Probleme«* im Januar 1995 im Frauenmagazin *Brigitte* veröffentlicht, zeigt nur allzu deutlich, wie fest verankert das Vorurteil in der Gesellschaft ist, daß Frauen bei der Auswahl ihrer Ehemänner vor allem auf das Konto schielen. Es hält sich ebenso hartnäckig wie die Behauptung, Frauen würden bei einer Scheidung ihre Ehemänner abzocken. Beides – das zeigt die Statistik – kommt allenfalls als Ausnahme vor. Käthe, deren Fall hier beschrieben wird, hat in jedem Fall draufgezahlt. Dennoch – der Grund, warum sie ihren Mann heiratete und es trotz mieser Behandlung so lange bei ihm aushielt, war Geld.

»17 Jahr', blondes Haar«, das war Käthe vor 15 Jahren. Die bildhübsche, schlanke Kosmetikerin hatte viele Bewunderer. Zu ihnen zählte auch ein junger, dunkelhaariger Typ, der weder Geld noch Bildung besaß. Fasziniert hat Käthe an dem Sohn eines Stahlarbeiters, daß er in keines der Raster paßte, die in dem kleinen Nest, aus dem sie beide stammten, für alle galten. Er war unberechenbar, chaotisch und unzuverlässig, hatte aber gleichzeitig einen stark ausgeprägten Familiensinn und den Wunsch nach bürgerlicher Beschaulichkeit. Er wünschte sich das Leben nicht als Abenteuer, sondern eher als Abenteuerspielplatz, den man jederzeit verlassen kann.

Käthe, einzige Tochter kleinbürgerlicher Leute, träumte

davon, aus dem miefigen Elternhaus herauszukommen. Der Vater, ein braver Bahnbeamter, und die Mutter, eine gewissenhafte Hausfrau, hatten ihr Leben fest im Griff. Alles wurde gemeinsam geplant, diskutiert und zusammen ausgeführt. Nichts wurde dem Zufall überlassen, weder der Kauf ihres Hauses, noch die Urlaubsreisen, nicht einmal der Besuch beim Friseur. Das Leben war geordnet, man war rechtschaffen. Leute, die Schulden hatten, gehörten in die Kategorie Betrüger oder Asoziale. Nicht einmal für den Kauf ihres Hauses nahmen Käthes Eltern einen Kredit auf. Sie warteten, bis der Kaufbetrag auf ihrem Konto lag. Dafür sparten sie jahrelang. Zwei Erbschaften rundeten die gesparte Summe schließlich ab.

Käthe wurde älter und ihr Wunsch, diese Enge zu verlassen, immer größer. So wie die Eltern wollte sie auf keinen Fall werden. Sie hatte es satt, jeden Pfennig umzudrehen, sie wollte leben. Leben, das bedeutete für sie, Geld einfach mal so auszugeben, ohne lange darüber nachzudenken. Manchmal lud sie deshalb am Monatsanfang zehn Leute einfach zum Essen in eine Gaststätte ein, um dann den Rest des Monats zu darben. Weder dafür, noch für ihre Träume von der großen Welt hatten die ängstlichen Eltern Verständnis.

Und dann tauchte ihr Traummann auf, der mittellose Schönling. Wild, verwegen, erotisch und ohne Schulabschluß. Käthe wollte ihn haben, auch wenn sie von Anfang an wußte, daß auf ihn nie Verlaß sein würde. Wichtiger war, daß er sie aus dem Elternhaus befreite. Das allein zählte. Er versprach ihr die wilden Seiten des Lebens – den Duft von Freiheit und Abenteuer.

Zunächst aber wurde aus dem gemeinsamen Abenteuer nichts, denn er zog nach Berlin, um dem Dienst bei der

Bundeswehr zu entkommen, und sie bewarb sich als Au-pair-Mädchen in die USA. Sie trennten sich.

1:13 Millionen stehen die Chancen – und der Zufallstreffer brachte sie wieder zusammen. Aus Jux hatte er im Lotto gespielt, und er hatte gewonnen. Über Nacht war aus dem armen Taugenichts ein reicher Taugenichts geworden.

Käthe erfuhr davon auf Heimaturlaub und bekam einen Schreck. Instinktiv spürte sie, daß das Geld ihre Beziehung ändern würde. Doch je länger sie darüber nachdachte, desto reizvoller fand sie die Situation. Die Frau eines Millionärs zu sein, nie mehr rechnen zu müssen, sich alles leisten zu können, die Mark nicht mehr umdrehen zu müssen, das gefiel ihr.

Käthe und ihr Held ziehen zusammen. Doch wenn sie geglaubt hat, von nun an ein Leben als reiche Frau führen zu können, hatte sie sich getäuscht. Weder teure Autos noch edle Klamotten, noch Restaurantbesuche sind angesagt. Carlo hält sein Geld unter Verschluß. Er wird zum Geizkragen. Von seinem Reichtum erfahren nur die Eltern, ansonsten geht ihr Leben seinen gewohnten Gang mit täglicher Arbeit. Einzige Veränderung: Sie hat nun einen Zwei-Personen-Haushalt zu bewältigen. Er läßt sich bedienen und kümmert sich noch um seine Finanzen. Broschüren, in denen Banken und Firmen mit lukrativen Geldanlagen werben, liegen überall herum. Er spricht von nichts anderem mehr.

Ein weiteres Ereignis verändert ihr Leben – Käthe ist schwanger. Von nun an haben sie beide ein Hobby: Er kümmert sich um sein Geld, Käthe um ihre Schwangerschaft.

Die Tochter wird geboren. Käthe geht weiter arbeiten, er steuert zum gemeinsamen Haushalt 800 Mark im Monat bei, den Rest besorgt Käthe. Seine Welt besteht nur noch aus Immobilien und Geldtransaktionen, das sind seine Lieblingsbegriffe in dieser Zeit. Käthe schließt er völlig aus. »Es ist mein Geld, und das wird sich nicht ändern«, macht er ihr klar. Sie sagt nichts darauf, will ihn nicht reizen. Schließlich sind sie noch nicht verheiratet. Sie hofft, daß er bald das Aufgebot bestellt, dann, so glaubt sie, ist sie ohnedies auf der sicheren Seite.

Drei Monate nachdem die Tochter auf der Welt ist, wird Käthe wieder schwanger. Nun besteht sie auf einer Hochzeit, und er willigt ein – wegen der Steuerersparnis, wie er sagt. Sie ist verletzt, weil er sie nicht aus Liebe heiratet, doch statt ihn vor die Tür zu setzen sagt sie ja.

Vor der Hochzeit wird Gütertrennung vereinbart. Sie läßt sich darauf ein. Auch daß sie nach der Geburt des Sohnes kaum mehr Haushaltsgeld und keinen Zugang zu seinem Konto erhält, obwohl sie nun nicht mehr arbeiten kann, führt nicht zur Revolte. Sie glaubt immer noch, daß sie ein Stück von dem Kuchen bekommt, auch wenn seine Botschaft nach wie vor lautet: »Mein Geld.«

Was er damit treibt, wissen nur ihre Schwiegereltern, die nun seine Anlageberater sind. Die können zwar kaum ihren monatlichen Lohnstreifen begreifen, fühlen sich aber kompetent genug, um über Geldanlagen und -transaktionen zu entscheiden. Der Größenwahnsinn ihres Sohnes hat auch die einfachen Leute wie eine heimtückische Krankheit gepackt. Nun wollen sie aus seiner Lotto-Million 200 Millionen machen, wollen aufsteigen in die Riege der Spekulanten und Immobilienhaie, endlich steinreich werden.

Käthe erlebt, wie aus ihrem wilden Traumprinzen ein größenwahnsinniger Spinner wird, der herumstolziert wie ein aufgeblasener Pfau. Doch sie verschließt Augen und

Ohren. Auch als sie in seinem Schreibtisch Unterlagen findet, die auf dubiose Geschäftsbeziehungen in aller Welt hindeuten, zieht sie keine Konsequenzen. Sie bittet ihn nur, eine Lebensversicherung für sie abzuschließen und ihr ein halbes von seinen vielen Häusern zu überschreiben, die er inzwischen gekauft hat. Er willigt erst ein, als sie bereit ist, schriftlich zu bestätigen, daß er bei einer Scheidung das Sorgerecht für den Sohn erhält. Sohn gegen Cash – sie macht den Deal mit.
Auch als er die erste Unterschrift auf einer Bürgschaft haben will, denkt sie keine Minute daran, diese zu verweigern. Sie hat keinen blassen Schimmer, was sie unterschreibt und welche Folgen es für sie und ihre Kinder hat, und setzt dennoch ihren Namen unter die Papiere. »Ich habe immer gedacht, ganz so schlimm kann es doch nicht werden, wo Geld ist, kommt noch mehr Geld hin«, sagt sie heute und offenbart damit nicht nur ihre Naivität, sondern auch ihren Wunsch, doch noch am großen Geld beteiligt zu werden. Das, so glaubt sie, hat sie mit ihrer Unterschrift geschafft.
Doch dann spielt ihre Psyche nicht mehr mit. Immer häufiger überfallen sie Panikattacken, und da wird ihr klar, daß sie handeln muß. Doch es ist zu spät. Das größenwahnsinnige Finanzgerüst ihres Mannes bricht zusammen. Plötzlich stehen die Gläubiger vor ihrer Tür. Der Preis für ihre Dummheit, ihre Angst, sich Klarheit zu verschaffen, für ihre Eitelkeit und ihre Gier wird fällig. Man pfändet ihren Lohn. Sie hat kaum noch genug für sich und die Kinder. Nun will plötzlich ihr Mann, daß sie sich um seine Geschäfte kümmert. Er erteilt ihr eine Vollmacht: »Verkauf du die Häuser«, verlangt er und legt sich ins Bett. Und während er sich dort verkriecht, versucht sie mit ihren ge-

ringen Kenntnissen den vollständigen Untergang zu verhindern.
Sie wirft sich mit dem Mut der Ertrinkenden in den Immobilienverkauf und findet auch Abnehmer. Doch wann immer sie einen Käufer an Land zieht, blockt ihr Mann alles ab – aus Rache, wie sie heute vermutet.
Endlich reicht sie die Scheidung ein. Niemand, weder die Anwälte noch ein hinzugezogener Steuerberater, noch der Richter sind in der Lage, die verworrene Finanzsituation zu entzerren. Statt mit 200 Millionen im Plus, steht er mit zwölf Millionen in der Kreide. Die Häuser werden zwangsversteigert, übrig bleibt eine knappe Million Schulden.
Kurz vor dem Zusammenbruch hatte ihr Mann noch einen Obst- und Gemüseladen gekauft und sich selbst als Geschäftsführer mit einem entsprechend hohen Gehalt eingesetzt. Nach der Pleite war dies die Bemessungsgrundlage für das Arbeitslosengeld. Davon erhielt sie noch eine Zeitlang Unterhalt für die Kinder. Doch dann ist auch diese Quelle versiegt. Seitdem sieht sie selten eine Mark von ihm. Auf dem Sorgerecht für den Sohn hat er nicht bestanden, er hat es nicht einmal erwähnt. Im elterlichen Nest, in das er sich zurückzog, pflegt er nun seine Depressionen.
Vor Gericht hatte er einen Offenbarungseid geleistet, seine Eltern bestätigten, daß sie dem Sohn freie Kost und Logis gewähren. Den Kredit von rund 200 000 Mark, für den Käthe eine selbstschuldnerische Bürgschaft unterschrieben hatte, zahlen sie bislang ab. Käthe vermutet, daß ihre Schwiegereltern dies aus schlechtem Gewissen tun. Dennoch hängt die Restsumme wie ein Damoklesschwert über ihr. Wenn die Zahlungen eingestellt werden, bleibt die Schuld an ihr hängen.
Sie lebt inzwischen mit ihren beiden Kindern (14 und 15

Jahre) in einem bescheidenen Häuschen am Stadtrand und verdient ihr Geld als freiberufliche Kosmetikerin in einem Fitneß- und Schönheitsstudio. Mehr als 2000 Mark verdient die heute 40jährige selten.
Nie wieder, meint sie rückblickend, würde sie eine Beziehung eingehen, bei der ein solches Ungleichgewicht besteht. »Entweder man ist sich von vorneherein einig, daß alle Dinge partnerschaftlich geregelt werden, oder man läßt die Finger davon.«
Auf ihrem Girokonto hat Käthe seit Jahren ein Minus von rund 5000 Mark. Immer wenn sie richtig down ist, wenn Angst und Depressionen sie überfallen, dann lindert sie diese mit dem Kauf von Kleidern oder schönen Dingen für die Wohnung. Das Minus auf ihrem Konto, das sie seit Jahren erfolglos abzubauen versucht, nennt sie »den Schatten meines Mannes«.

Psychologischer Kommentar

Käthe und ihr Mann lernten sich kennen, als ihr Bedürfnis, sich vom Elternhaus zu lösen und eigene Wege zu finden, besonders ausgeprägt war. Ihr Wunsch nach Freiheit und ungezügeltem Leben war so intensiv, daß ihnen sogar die Trennung voneinander nichts ausmachte.
Als dann jedoch der Lottogewinn eine neue Planung der Berufs- und Familienwelt notwendig machte, zogen sie wieder in die Nähe der Eltern. Das Bedürfnis nach Rat und Schutz war bei dem Mann wesentlich ausgeprägter als bei Käthe. Das große Geld überforderte ihn, er zog sich völlig in die kindliche Rolle zurück.
Ihr Bedürfnis nach Sicherheit und Geborgenheit wurde massiv, als das zweite Kind unterwegs war.

Käthe reagierte auf das Geld erschreckt, aber auch fasziniert. Sie dachte – im Gegensatz zu ihrem Mann – sofort über die Veränderung ihrer Beziehung nach. Und obwohl er sie völlig von dem Gewinn ausschloß, gab ihr das vorhandene Geld Sicherheit. Mißtrauisch wurde sie erst, als sie anhand der Papiere erkannte, daß er sich auf dubiose Geschäfte eingelassen hatte. Doch erst ihre Panikattacken sorgten dafür, daß sie Grenzen zog.
Aber noch immer ist sie wegen ihrer Unterschrift an ihren Ehemann gebunden, ist auf sein Wohlverhalten angewiesen.
Die endgültige Befreiung von ihm liegt somit in seinen Händen. Eine lange stationäre und ambulante Therapie hat sie von ihren peinigenden Ängsten befreit. Dies gelang nur durch die Anerkennung ihrer Mitschuld an dem Geschehen. Das war für Käthe deshalb besonders schmerzhaft, weil die nüchterne Sicht der Dinge sie vor allem an die Art und Weise erinnerte, wie ihre Eltern Probleme gelöst hatten. Da sie unter dieser oft als kalt empfundenen Lebensweise gelitten hatte, fiel ihr dies besonders schwer.
Kein Mann wird je wieder so leichtes Spiel mit ihr haben, wie ihr erster Mann es hatte. Keiner wird sie je wieder so faszinieren, wie er es konnte – sei er auch noch so attraktiv in seiner Lebensart und noch so reich.
Wie der Fall von Käthe zeigt, gibt es im Leben eines Paares immer Meilensteine, die zu unüberwindlichen Hürden für die Liebe werden können. Ob ein Paar in der Lage ist, die Barrieren zu überwinden und zueinander zu finden, hängt auch davon ab, ob jeder von ihnen den eigenen Fehler und seine Mitschuld erkennt und sich zu ändern versucht.
Die Ehe gleicht einer Fahrt über einen großen Fluß. Man sitzt zusammen im gleichen Boot. Es gleitet zunächst meist ruhig über das Wasser. Doch zwischendurch wird aus dem ruhigen Fluß ein reißender Strom mit vielen Klippen. Nun kommt es darauf an, daß beide zusammenarbeiten, denn jetzt sind sie wirklich aufeinander angewiesen. Wenn sich dann aber herausstellt,

daß der eine nicht rudern kann und der andere nicht schwimmen, daß sie nicht mal für Rettungsleinen und -westen gesorgt haben, ist der Untergang gewiß. Kein Mensch, dem sein Leben wichtig ist, würde ohne Sicherheitsvorkehrungen mit einem Fremden in ein Boot steigen, um damit unbekannte Flüsse zu befahren. Doch in das »Traumboot der Liebe« steigen alle blind und fraglos ein.

Gerade zu Beginn einer Ehe sehen beide nur das Ideal im anderen. »Um uns geborgener zu fühlen, unterschlagen wir die Andersartigkeit des anderen«, schreibt der Psychoanalytiker Michael Lukas Moeller in seinem Buch *Die Wahrheit beginnt zu zweit*. Zu gerne geben sich beide der Illusion hin, füreinander geschaffen zu sein, und versäumen es so, ein grundsätzliches Gespräch über die eigenen Vorstellungen, über ihre Wünsche und Erwartungen zu führen. Und dann kommt die erste Stromschnelle, und der eine erkennt den anderen nicht wieder. Besonders gefährdet sind junge Paare. Sie wissen nicht nur zuwenig vom Partner, sondern auch von sich selbst. Und zu all dem kommt dann auch noch die mangelnde Kenntnis über Recht und Gesetz, über ihre Pflichten als Ehefrauen und -männer. Erst wenn sie vor den Trümmern ihrer Beziehung stehen, wenn es eigentlich zu spät ist, beginnen sie sich mit den Ehe- und Scheidungsgesetzen zu beschäftigen.

10 Zusammen in einem Boot
Ehe-, Scheidungs- und Familienrecht

Längst sind die Zeiten vorbei, wo Ehemänner alle Rechte und Ehefrauen alle Pflichten hatten.
Der Gesetzgeber geht heutzutage von der partnerschaftlichen Ehe aus und hat Abschied genommen von der früheren Vorstellung der Hausfrauenehe. Nach der Rechtslage besteht für beide Partner eine freie Gestaltungsmöglichkeit der ehelichen Beziehungen auch in wirtschaftlicher Hinsicht. Beide Partner sind berechtigt, über den Umgang mit ihrem eigenen und dem gemeinsam erworbenen Vermögen zu bestimmen.
Wenn vor oder während der Ehe zwischen den Partnern nichts anderes schriftlich bei einem Anwalt oder Notar vereinbart wurde, leben beide in einer *Zugewinngemeinschaft.* Das bedeutet, daß das während der Ehe erworbene Geld und Gut beiden gehört. Bei einer Trennung wird das Vermögen dann unter Berücksichtigung von Schulden und Unterhaltszahlungen geteilt (siehe S. 157).
Es besteht aber auch die Möglichkeit, durch einen notariellen Ehevertrag *Gütertrennung* oder *Gütergemeinschaft* zu vereinbaren. Während bei der Gütertrennung die Güter, die während der Ehe von den einzelnen angeschafft werden, auch deren alleiniges Eigentum bleiben, wird in einem Gütergemeinschaftsvertrag beschlossen, daß die vor der Ehe von den einzelnen Partnern angeschafften Güter nun beiden gemeinsam gehören. Neuerworbene Gegenstände gelten als Besitz des Ehegatten, der das Rechtsgeschäft durchgeführt hat; dies gilt jedoch nicht für Dinge, die im Rahmen der sogenannten *Schlüsselgewalt* angeschafft wurden.

Dazu gehört unter anderem der Erwerb von Nahrung, Kleidung, allgemeinem Hausrat, kleinen Einrichtungsgegenständen und Medikamenten, aber auch die Beauftragung von Handwerkern, der Einkauf von Heizmaterial, Reparaturen des familieneigenen Autos sowie alle Kosten für die Kinder und die Freizeitvergnügen der Familien.
Schlüsselgewalt besaß früher ausschließlich die Ehefrau. Das hat sich heute geändert. Auch der Gatte ist heute Inhaber der Schlüsselgewalt. Sie sind damit beide berechtigt und verpflichtet, Gegenstände im Rahmen der Haushaltsführung zu besorgen.
Nicht zur Schlüsselgewalt gehören in der Regel Geschäfte von grundsätzlicher Bedeutung wie zum Beispiel der Abschluß von Versicherungen, Anmietung oder Kauf von Wohnungen und Häusern, Buchungen von Urlaubsreisen, Kauf von Wertpapieren, berufliche Ausgaben, Anschaffung wertvoller Teppiche oder Sammelbestellungen.
Die Schlüsselgewalt kann nicht durch einen Ehevertrag aufgehoben werden. Dies dient dem Schutz der Gläubiger, die im Fall der Nichtzahlung von Verbindlichkeiten so Rückgriff auf das Vermögen beider Ehepartner haben. Allerdings kann die Schlüsselgewalt einseitig beschränkt oder ausgeschlossen werden durch einen entsprechenden notariell beantragten Eintrag ins Güterrechtsregister beim Amtsgericht. Grundsätzlich erfährt der Gläubiger so von dem Haftungsausschluß. Es reicht *nicht* aus, die Haftung durch ein ensprechendes Zeitungsinserat, etwa in dem Stil: »Ich komme für die Schulden meiner Ehefrau nicht auf« auszuschließen, da nicht bewiesen werden kann, daß der Gläubiger das Inserat gelesen hat.
Bei Abzahlungsgeschäften gilt die Schlüsselgewalt nur, wenn es sich um den Erwerb von Haushaltsgegenständen

handelt und wenn die vereinbarten Raten keine unzumutbare Belastung für das Haushaltsbudget ergeben. Ebenso ist dies beim »Anschreiben« beim Kaufmann um die Ecke.
Grundsätzlich haftet ein Ehepartner nur für die Schulden des anderen im Rahmen der Schlüsselgewalt, wobei nur eine relative Sicherheit durch ein Vermögensverzeichnis geschaffen werden kann, in dem die Gegenstände eindeutig und plausibel nach Besitz und Nutzung den Eheleuten zugeschrieben sein müssen. Die Mithaftung sonstiger Schulden trifft den Ehepartner nur bei abgesprochenen und mitunterschriebenen Verpflichtungen. Generell sollten gesamtschuldnerische Haftungen, Bürgschaften, Wechselgeschäfte und ähnliches von einem Partner, der weder über Vermögen noch über ein Arbeitseinkommen verfügt, nicht eingegangen werden.
Ein Schutz des Ehepartners besteht durch die gesetzliche Zugewinngemeinschaft oder bei Gütertrennung, nicht aber bei der Gütergemeinschaft. Bei der Zugewinngemeinschaft kann eine Haftung nur bis zur Höhe des eigenen Vermögens erfolgen und nicht darüber hinaus. Die neuere Rechtsprechung hat dem inzwischen in stärkerem Maße als in der Vergangenheit zugunsten der Ehefrauen Rechnung getragen.
Das Bürgerliche Gesetzbuch (BGB) bestimmt weiter, daß ein Ehegatte nicht verpflichtet ist, eigenes Vermögen einzusetzen, um den Partner vor Zwangsvollstreckungen zu schützen. Außerdem können Schulden nicht als Unterhaltsleistungen angerechnet werden. Zudem hat ein geschädigter Ehegatte auch die Möglichkeit, innerhalb der Ehe unter bestimmten Voraussetzungen gegen den anderen Partner Rückgriffsansprüche geltend zu machen.
Jeder Partner hat das Recht, sein eigenes Vermögen selbst

zu verwalten. Doch es gibt auch Verwaltungsbeschränkungen bei Verfügung über das gemeinsame Vermögen. Der Ehepartner muß bei Erwerb und Belastungen von Grundstücken, bei Versteigerungen, Verfügung über Erbanteile, Geschäftsverkauf oder Gesellschaftsgründungen zustimmen. Der Ehepartner darf auch nicht sein gesamtes Vermögen veräußern. Hierzu gibt es eindeutig festgelegte Grenzen. Bei einem Vermögen bis 50000 DM müssen in jedem Fall 15 Prozent erhalten bleiben, bei mehr als 50000 DM fällt die Summe auf zehn Prozent des Vermögens.

Wenn ein Partner über längere Zeit wiederholt seiner familiären Unterhaltspflicht nicht nachkommt, kann der andere Partner seinen Zugewinn aus der Ehe vorzeitig einklagen. Ebenso kann er die ungerechtfertigte Begünstigung dritter Personen durch den anderen Ehepartner juristisch anfechten.

Grundsätzlich besteht ein gegenseitiges Informationsrecht über die Vermögensverhältnisse innerhalb der Ehe.

Die rechtliche Situation ist heute so egalitär und gleichberechtigt wie nie zuvor. Es scheint so, als sei die Gesetzgebung erstmals der tatsächlichen Lebenswirklichkeit vorausgeeilt, denn die gesetzlichen Möglichkeiten werden häufig nicht angewendet, wie die in diesem Buch geschilderten Fälle deutlich zeigen.

Die Gleichstellung der Frauen in unserer Gesetzgebung, die jedoch erst seit knapp 35 Jahren realisiert ist, hat auch zu einer größeren Liberalität im Ehe- und Familienrecht geführt und den Einfluß der Kirche stark zurückgedrängt.

In einer Ehe gehen beide Partner eine gegenseitige ökonomische Abhängigkeit ein, und zwar freiwillig. Die Frage nach der Selbstbestimmung, aber auch nach der Verantwortung füreinander müssen die Partner untereinander

klären. Wo früher Großfamilien mitredeten und so manches Problem durch die Gemeinschaft geklärt wurde, prallen heute die Menschen in Kleinfamilien aufeinander und müssen sich oft Hilfe von außen holen.
Ehen wurden immer geschlossen, um Sicherheit zu gewährleisten, Vermögen zu erhalten und Nutzen daraus zu ziehen. Mit den allgemeinen Umwälzungen und Veränderungen in den letzten 150 Jahren war die klassische Rollenteilung nicht mehr haltbar. Insbesondere für die Frauen traten damit erhebliche Konflikte im Spannungsfeld von Familie und Berufstätigkeit auf, die von Männern aufgrund ihrer Sozialisation und der jahrtausendealten patriarchalen Grundstruktur unserer Kultur oft nur schwer nachvollziehbar sind.
Die Autorinnen des Buches *Aschenputtels Portemonnaie* kommen zu dem Schluß: »Die Lebenskonzepte von Frauen sind bestimmt durch das Ringen um Autonomie und den gleichzeitigen Wunsch nach geborgener Abhängigkeit.« Doch gerade der Wunsch nach Geborgenheit sorgt dafür, daß viele Frauen jede Vorsicht und Vernunft vor allem zu Beginn einer Beziehung ausklammern. Es widerspricht den Gefühlen einer verliebten Frau vollständig, Liebe und Verträge zu vermischen. Vertragsabschlüsse, so die allgemeine Vorstellung, finden unter Geschäftspartnern statt, aber nicht zwischen Liebenden. Viele werten sie deshalb als Mißtrauensvotum oder kalte Berechnung. Mit dem Idealbild einer romantischen Liebesbeziehung haben sie in den Augen der Frauen, aber auch der Männer, nichts zu tun.

11 Hochgelobt und vielbesungen: Das Bild der romantischen Liebe

»Die romantische Liebe ist das größte Energiesystem in der westlichen Psyche und als solches einzigartig. Sie hat in unserer Kultur die Religion ersetzt, in der Mann und Frau Sinn, Transzendenz, Ganzheit und Ekstase suchen.« Mit diesen Worten beginnt der Amerikaner Robert A. Johnson in seinem Buch *Traumvorstellung Liebe*, die romantische Liebe als »Irrtum des Abendlandes« zu zerpflücken. Im Gegensatz zu den Ländern mit östlichen Kulturen, so Johnson, gelte im Westen die »romantische Liebe« als die einzig wahre.

Das klingt angesichts der steigenden Scheidungszahlen paradox. Doch wenn man Johnson folgt, der sagt, daß romantische Liebe nicht gleichbedeutend damit sei, jemanden zu lieben, sondern »ein psychologisches Paket, eine Kombination von Überzeugungen, Idealen, Einstellungen und Erwartungen«, dann wird deutlich, daß und warum die romantische Liebe nicht besonders gut funktionieren kann. Dennoch halten wir an unserem Glauben von der ewigen, ekstatischen Liebe fest, auch dann noch, wenn wir längst bemerkt haben, daß wir viel mehr Zeit mit Einsamkeit und Eifersucht, Entfremdung und Frustration verbringen und wir außerdem noch feststellen müssen, daß wir unfähig sind, stabile und lebenslange Liebesbeziehungen aufzubauen. Dafür machen wir lieber andere verantwortlich. Statt unsere Ideale kritisch zu hinterfragen, gehen wir eine neue Beziehung ein und erwarten von dem neuen Partner, daß er uns glücklich macht – täglich, unser ganzes Leben lang.

Seit dem 12. Jahrhundert existiert die romantische Liebe.

»Im Mittelalter brach sie gleichsam über die westliche Gesellschaft herein.« (Johnson) In dieser Zeit entstand die Geschichte von *Tristan und Isolde**, und von nun an wiederholte sich ihr Muster in allen Liebesgeschichten, von Shakespeares Tragödie *Romeo und Julia* (1597) bis zu Filmen wie *Legenden der Leidenschaft* (1995) von dem amerikanischen Regisseur Edward Zwick, der seinen Helden auch prompt Tristan nennt.

Der mittelalterliche Tristan wird in den Tagen König Artus geboren als Sohn von König Riwalin von Lohnois und seiner Frau Blanchefleur. Sein Vater wird umgebracht, seine Mutter stirbt vor Kummer einen Tag nach seiner Geburt. Von ihr erhält er noch den Namen Tristan, »Kind der Traurigkeit«. Der Marschall des verstorbenen Königspaares nimmt den Jungen als seinen Sohn auf und erzieht ihn zum Edelmann. Das Schicksal bringt ihn zum Hof König Markes – seinem Onkel, wie er später erfährt. Er bleibt bei ihm und besiegt den irischen König, unter dessen Knute das Volk von Cornwall leidet, und gerät nach der Schlacht, halb tot vom Kampf, zufällig in das Haus der irischen Königin, der Schwester seines Gegners. Sie und ihre Tochter Isolde die Blonde beherrschen das Zauberhandwerk und retten ihm das Leben.

* Ursprünglich zwei Gestalten aus einer Sage. Außer einem bedeutenden Anteil keltischen Erzählguts flossen im Laufe der Jahrhunderte antike, germanische und orientalische Motive in die Geschichte der Liebenden ein. Die älteste überlieferte Fassung stammt von Eilhard von Oberg(e). Zur Idealgestalt der Liebenden wurden sie bei Gottfried von Straßburg und Ulrich von Türheim. Später wurde der Stoff in zahlreichen deutschen, französischen, italienischen, englischen und russischen Prosaromanen verwendet. Richard Wagner komponierte aus dem Stoff ein Musikdrama.

Er kehrt zu König Marke nach Cornwall zurück, und als die Mehrzahl der Edelleute beschließt, ihr König müsse heiraten, erklärt Tristan sich bereit, ihm die passende Königin zu besorgen. Er denkt an Isolde die Blonde und wirbt erfolgreich um sie. Auf dem Weg zum zukünftigen Gemahl aber trinken Tristan und Isolde aus Versehen einen Zaubertrank, der eigentlich als Liebestrank für das künftige Ehepaar gebraut worden war. »Zwei Tage floß der Liebestrank durch Tristans Adern, und er litt alle Qualen der Liebe, zum einen, als triebe ein wilder Brombeerstrauch mit spitzen Dornen sich in sein Herz, zum anderen fühlte er sich umgeben von süßen duftenden Blüten, und ständig stand das Bild Isoldes vor seinen Augen.«

Auch Isolde ist in Liebe entflammt, heiratet aber dennoch König Marke. Doch Tristan und Isolde kommen nicht voneinander los, sie treffen sich immer wieder heimlich, bis sie erwischt werden. Sie können fliehen und leben drei Jahre im Wald. Schließlich trennen sie sich, doch nur räumlich. In Wirklichkeit bleiben sie miteinander verbunden, das haben sie sich am letzten Abend vor ihrer Trennung versprochen. Sie schenkt ihm einen Ring als Zeichen ihrer ewigen Liebe, dann kehrt sie zu ihrem Gemahl zurück, und Tristan zieht durch die Welt.

Nach Isoldes Rückkehr ist das Volk glücklich, und auch Tristan scheint das Glück hold. Er wird von Konig Hoel in der Bretagne aufgenommen, der ihm nach einer von Tristan erfolgreich geführten Schlacht seine Tochter zur Frau gibt. Auch sie heißt Isolde »die Weißhändige« und wird wegen ihrer Güte und Einfachheit geliebt. Auch Tristan ist zufrieden, doch in der Hochzeitsnacht fällt der Ring von Isolde der Blonden mit hellem Klang zu Boden, »wie Glocken, die den Untergang läuten«, und Kummer und

Elend kehren in Tristans Herz zurück. Die Ehe wird nicht vollzogen.

Nach endlosem Leiden sterben Tristan und seine Geliebte schließlich und werden von König Marke in zwei Gräbern rechts und links eines Altars beerdigt. »Aber während der Nacht wuchs aus Tristans Grab ein grünender blattreicher Brombeerstrauch mit starken Ranken, mit würzigen Blüten, der, über die Kapelle hinüberwachsend, sich in das Grab Isoldes hineinsenkte. Und durch viele Menschenleben hindurch lebte der Strauch, stark, schön und mit duftenden Blüten.«

Die Vorstellung von der romantischen Liebe entspringt der »höfischen Liebe«, die zu Zeiten Tristan und Isoldes entstand und strengen Regeln unterlag. In der ekstatischen Anbetung eines Menschen, der den Inbegriff der Vollkommenheit darstellte, hatten Ehe und Sexualität keinen Platz. »Man sollte meinen«, schreibt Johnson, »daß ein Liebeskult, der spezifisch die Ehe ausschließt und leidenschaftliche Beziehungen außerhalb der Ehe fördert, der bestrebt ist, eine Beziehung in einer ständigen und übermenschlichen Intensität zu vergeistigen, eine schlechte Basis für die Ehe darstellt und ganz allgemein eine etwas riskante Grundlage für menschliche Beziehungen überhaupt ist.«

Doch das Gegenteil ist der Fall. Dieser Liebeskult ist bis heute gesellschaftliches Ideal, allerdings mit einem Unterschied: Wir haben in die romantische Liebe Sexualität und Ehe hineingemischt. Tristan und Isolde, einer der größten Mythen der Menschheit, fanden Eingang in den Alltag. Ihr Mythos prägte unsere Kultur und Wertvorstellungen und unsere Einstellung zur Liebe grundlegend.

Doch damit umzugehen verlange »Heldenmut« von Männern und Frauen, meint Johnson, denn wir müssen die Widersprüche und Illusionen über die Liebe, die wir mit uns herumschleppen, erkennen.

Jeder Mann sucht nach der Idealfrau, nach dem vollkommenen Weib, nach Isolde der Blonden, und die Frauen halten Ausschau nach ihrem Tristan. Sie wollen sich nicht mit den Menschen aus Fleisch und Blut zufriedengeben, die ihnen im wahren Leben begegnen. Statt dessen projizieren sie ihre leidenschaftliche Vision auf den Partner und scheitern. Entweder flüchten sie in neue Beziehungen, oder sie versuchen, ihr Gegenüber ihrem Ideal anzupassen. »Die stillschweigende Übereinkunft in unserer Kultur, wir könnten durch die Kraft unserer Liebe einen anderen Menschen positiv verändern, und dies sei geradezu unsere Pflicht als Frauen, findet ihre ständige Bestätigung in der Alltagssprache und im täglichen Umgang miteinander«, schreibt Robin Norwood in *Wenn Frauen zu sehr lieben*.

Das Suchen nach absoluter Leidenschaft und Vollkommenheit aber führt zu Unzufriedenheit, da unsere Vorstellung niemals erreicht wird. Doch das Ideal vor Augen verstellt uns den Blick für Schönheit und Glück des Alltags.

Liebe war lange Zeit kein Grund für eine Eheschließung. Im vergangenen Jahrhundert wurden Ehen aus pragmatischen Gründen geschlossen. Der Besitz sollte zusammengehalten oder sogar erweitert werden, auch die Zeugung von Nachkommen war ein wichtiger Grund. Und es gab auch eine ganze Reihe von Grundsätzen, nach denen eine Ehe nicht geschlossen werden durfte. Organische oder physische Schäden eines Partners waren nach dem kanonischen Recht der katholischen Kirche ein wichtiger Hinderungsgrund, aber auch die Vermutung, daß das Paar nicht bereit war, eine Ehe mit allen Konsequenzen (wie dem festen Vorsatz zur Unauflöslichkeit, zu dauerhafter Treue und dem Willen, Kinder zu zeugen) zu erfüllen. Auch wenn das Paar unter starkem sozialen Druck zur Heirat gezwungen wurde, konnte die Ehe als nichtig erklärt werden. Man ging davon aus, daß unter einem solchen Druck keine freie Willenserklärung möglich war und deshalb die Konsequenzen und Folgen der Eheschließung nicht ausreichend bedacht werden konnten.

Eheschranken gab es auch in bäuerlichen Gegenden bis in unser Jahrhundert hinein. Die in vielen Teilen Südwestdeutschlands auf dem Lande praktizierte »Ehetauglichkeitsprüfung« war so eine. Sie wurde allerdings nur von den Frauen verlangt. Die zukünftige Bäuerin mußte innerhalb von einem Tag zwölf Brote backen, ein Hemd nähen und alle Mahlzeiten für die Großfamilie besorgen. Damit wurde getestet, ob sie den Anforderungen eines bäuerlichen Haushalts gerecht werden konnte.

Eine solche Beziehung begann mit realistischen Erwartungen. Ob die Paare glücklicher waren, kann im nachhinein nicht geklärt werden. Die geringere Zahl von Scheidungen damals ist dafür kein Beweis, weil Kirche und Gesellschaft diese nicht zuließen. Doch es kann getrost davon ausgegangen werden, daß die Paare mit weniger Illusionen in eine solche Ehe gingen. Die romantische Liebe war jedenfalls nicht die Grundlage der lebenslangen Gemeinsamkeit.

Heute ist das romantische Ideal längst ein Massenphänomen, und der ganz normale Alltag, mit seinen Pflichten, Frustrationen, Grenzen und Verbindlichkeiten, wird als unerträglich langweilig, grau und öde empfunden. Während wir verliebt sind, sehen wir die Welt durch eine rosarote Brille, hängt der Himmel voller Geigen, ist der Alltag voller Leichtigkeit und Schönheit, so, wie wir es nie zuvor empfunden haben. Doch wenn dieses Stadium zu Ende ist, dann ist die Welt plötzlich öd und leer, traurig und grau, obgleich noch immer der gleiche Mensch um uns ist, der uns vorher die Welt so verschönert hat. Doch statt zu akzeptieren, daß dem romantischen Verliebtsein, der Leidenschaft, immer die echte Beziehung, der Alltag folgt, geben wir unserem Partner die Schuld für diese Veränderung. Er ist in unseren Augen der Grund dafür, daß wir unglücklich und unzufrieden sind. Wie Tristan sich von seiner Frau, Isolde der Weißhändigen, abwendet und Isolde die Blonde ihren Mann, König Marke, der trotz allem zu ihr hält, nicht akzeptieren kann, wenden wir uns von unseren Partnern ab, sobald sie dem Ideal, das wir von ihnen im Kopf haben, nicht mehr genügen.

Isolde die Weißhändige, die Tristan eine direkte, einfache, unkomplizierte Beziehung bietet, hat keine Chance. Er läuft lieber einer unerfüllten, hochgeschraubten Beziehung hinterher. Und so ist es auch mit uns, den Menschen des 20. Jahrhunderts. Einfachheit interessiert uns nicht. Sie wird gleichgesetzt mit Langeweile, Öde und Beschränktheit. »In unserem Zeitalter besteht geradezu ein kollektives Vorurteil gegen Isolde die Weißhändige«, bestätigt Johnson. Dem Einfachen begegnen wir abweisend, weil wir gewöhnt sind, nur »das zu respektieren, was aufgeblasen, superintensiv, hochgeschraubt, groß und kompliziert ist«.

»Wir haben zusammen den Tod getrunken.« Das ist die Erklärung, die Tristan für seine Ehefrau parat hält, als sie ihn fragt, warum er sich nicht von der Geliebten lösen kann. Dieser überspannten und exaltierten Liebesbeziehung zu einer Frau, mit der ihn sogar der Tod verbindet, kann die normale Ehefrau nichts entgegensetzen. Sie verkörpert »nur« das Leben, will einen Mann, der sie liebt, so, wie sie ist, der für sie sorgt und für den sie da ist. Sie ist keine Königin im fernen Land, sie ist erreichbar an seiner Seite. »Der Fehler der romantischen Liebe besteht darin, daß sie nach einer Liebe strebt, die die andere (die einfache echte Liebe) außer acht läßt.« Die Zurückweisung seiner Ehefrau ist die Zurückweisung der ganz normalen Alltagsbeziehung.

Und das ist in unserer Gesellschaft zur Norm geworden. Wir heiraten, aber innerlich gehen wir die Bindung nicht ein. Wir unterschreiben den Ehevertrag, aber jeder schreibt seinen heimlichen Passus hinein. In dem behalten wir uns das Recht zum Ausstieg für den Fall vor, daß unsere Idealvorstellung, die wir von dem Partner haben, mit der äußeren Person nicht mehr übereinstimmen sollte oder wir einen Menschen treffen, der unserem Ideal besser entspricht.

Ähnlich wie Isolde die Blonde, die ihren geduldigen und verzeihenden Ehemann zurückweist und so auf eine echte lebendige Beziehung verzichtet, um Tristan, einer Vision, hinterherzulaufen, verhält sich Gundula. Sie verließ einen liebevollen Ehemann und ein sicheres Heim, weil ihr das zu langweilig war. Inzwischen lebt sie mit einem Mann zusammen, bei dem sie das absolute Kontrastprogramm geboten bekommt.

12 Gundula oder »Nur wer die Liebe kennt, weiß, was ich leide«

Ihr erster Mann las ihr jeden Wunsch von den Augen ab, und sie hatte viele Wünsche. Ein großes Haus, Urlaubsreisen, edle Kleider, Schmuck, teure Restaurantbesuche. Ihr Mann war nicht nur großzügig, er war auch verständnisvoll, erduldete alle ihre Marotten, schwieg sogar, als sie fremdging. Da verschwand sie. Das hielt sie nicht aus.
Heute lebt Gundula mit ihrem 17jährigen Sohn und dem neuen Mann in einer kleinen Wohnung am Rande der Stadt. Das gute Leben hat sie gegen eine ärmliche Existenz getauscht. Der neue Mann hat sie nicht geheiratet, obwohl sie es gerne hätte. Er liest ihr auch keinen Wunsch von den Augen ab, er hat selbst zu viele. Die erfüllt sie nun.
Kennengelernt hat sie den fünf Jahre jüngeren Mann, nachdem sie schon einige Jahre alleine lebte. Nach fünf Ehejahren war sie von ihrem ersten Mann geschieden worden – einvernehmlich und in Freundschaft. Bis heute zahlt er Unterhalt für den Sohn, in den ersten Jahren der Trennung unterstützte er sie beide. Hier und dort ließ sie sich auf ein Verhältnis ein, doch jede Affäre wurde bald von ihr beendet, der Traumprinz war nie dabei.
Eines Tages stieg sie in einen Reisebus nach Luxemburg, und da stand er. Einer, der reden konnte, einer, dem die Leute zuhörten, über den sie lachten, der perfekte Selbstdarsteller. Von Anfang an beachtete er sie. Das überraschte sie, denn sonderlich attraktiv war sie sich nie vorgekommen, erst recht nicht besonders klug. Doch viel zu sagen

brauchte sie ohnedies nicht, das Reden übernahm er. Das sollte sich nicht ändern. Auch später hatte sie nicht viel zu sagen, hatte vor allem keine Fragen zu stellen. Kritiklos ließ sie sich auf ihn ein, kroch ihm auf den Leim, blieb dort hängen.

Als sie erfuhr, daß ihn seine Eltern alimentieren, daß er bis über die Halskrause verschuldet ist, ein windiger Mensch, ein billiger Animateur, dessen Hochleistung darin besteht, bei Kaffeefahrten alten Menschen überteuerte Lamadecken aufzuschwätzen, da hatte sie ihn längst unter ihre eigene Decke gelassen. Da lag er nun im warmen Nest, streckte die Füße unter ihren Tisch aus, zahlte weder für Kost noch für Logis. Als sie ihn sachte darauf ansprach, entstand minutenlanges Schweigen. Sie kam sich wie ein Trampel vor, er tat beleidigt.

Monate später trug sie erneut die Bitte an ihn heran, sich doch am gemeinsamen Haushalt zu beteiligen. Da schwadronierte er ihr die Ohren voll von Schulden aus erster Ehe, von fehlgeschlagenen Immobilienverkäufen und neuen Krediten, die er hatte aufnehmen müssen. Zunächst erfuhr sie nicht, wie hoch seine Verpflichtungen sind, doch irgendwann ließ er die Katze aus dem Sack: 5000 Mark monatlich für Zinsen und Tilgung – gerade mal soviel, wie er verdiene, sagte er.

Daß er außerdem spielte, das Restgeld verzockte, erfuhr sie von anderen, die ihn in der Spielbank dabei beobachtet hatten. Sie hatte sich auf einen Zocker eingelassen, der das Geld, das er gutgläubigen Menschen aus der Tasche zog, in der Spielbank verjubelte. Oft 500 Mark an einem Abend. Immer mehr entlarvte er sich als Lügner, als Parasit, der auf ihre Kosten lebte. Als sie hinter seine Spielsucht kam und ihn damit konfrontierte, argumentierte er wieder aalglatt.

Er würde mit dem Spiel doch keinem schaden, schließlich ginge es meist Null auf Null auf.
Fortan machte sie ihm zwar eine Szene nach der anderen, doch ändern konnte sie nichts.
Auf dem Höhepunkt der Auseinandersetzungen drohte er mit Selbstmord, verschwand und tauchte tagelang nicht mehr auf. Dann saß sie zu Hause, hatte Angst um ihn, machte sich Vorwürfe, schreckte bei jedem Klingeln zusammen, dachte, nun komme die Nachricht, daß man ihn tot aufgefunden habe. Und dann tauchte er wieder auf, aber sehr lebendig, so, als sei nichts geschehen. Sie weinte fast vor Erleichterung und Glück, und alles begann von vorne.
»Ich liebte den Sex mit ihm«, erklärt sie dem Psychologen, sie glaubt darin »die Tiefe seines Charakters« zu erkennen, »nicht nur ein oberflächliches Verhalten«.
Dennoch, die Beziehung bereitete ihr mehr und mehr Kopfzerbrechen, im wahrsten Sinne des Wortes. Migräne und Depressionen überfielen sie immer häufiger, immer heftiger. Sie ahnte, daß die Beziehung zu ihm die Ursache ihres Leidens war, und versuchte, sich von ihm zu trennen. Doch länger als 14 Tage hielt sie es nie ohne ihn aus. Dann schob die Sehnsucht nach Liebe und die Lust auf Sex, die größer war als alle Einsicht, jeden kritischen Gedanken beiseite. Und die Hoffnung wuchs, er könne sich doch noch bessern, das Spiel mit dem Glück vielleicht aufgeben oder gewinnen, um aus der Pleite herauszukommen. Doch er gewann nicht und hörte auch nicht auf zu spielen.
Gundula und ihr Animateur leben noch immer zusammen. Obgleich sie weiß, daß ein Leben mit ihm immer ein Leben am Rande des Existenzminimums sein wird, will sie sich nicht von ihm trennen. Der treusorgende Ehemann, der

liebevolle Partner, der Mann, der ihr jeden Wunsch erfüllte, ließ sie kalt. Emotionale Erfüllung fand sie erst mit einem Menschen, der auf ihre Kosten lebt, vor allem auf Kosten ihrer Gesundheit. Inzwischen hat die über 40jährige auch Angst, keinen anderen Partner mehr zu finden, weil sie zu alt ist.

Psychologischer Kommentar

Gundula braucht den Kitzel des Bedrohlichen. Die leidvolle Ungewißheit macht ihr Leben spannend und qualvoll zugleich, und das hat sie gemeinsam mit dem Lebensgefährten. Während er die Befriedigung im Spiel sucht, findet sie Befriedigung in ihrer Sucht nach Liebe und Sex. Im übrigen bekommt sie über ihn von außen Anerkennung, denn jeder beneidet die eher unscheinbare Frau um den glänzend aussehenden Charmeur. Was für andere das pure Unglück wäre, ist für Gundula nur scheinbares Unglück. Der Tanz am Rande des Abgrunds, das ist der Sinn ihres Lebens. Sie braucht die Provokation auf der Suche nach ihren Grenzen. Sie braucht den Widerstand, um sich daran zu reiben, daran zu wachsen.

Das hat ihr in der Jugend gefehlt. Der Vater starb, als sie sieben Jahre alt war, die Mutter konnte seine Rolle nicht übernehmen, den Verlust nicht kompensieren. Wie Männer reagieren, wie sie sich in gewissen Situationen verhalten, was ihre Motive sind, das hat sie nie erfahren, nie gelernt.

Der neue Partner zwingt Gundula immer wieder dazu, sich mit ihm auseinanderzusetzen, ohne daß er dafür etwas tut. Und so hangelt sie sich von Tag zu Tag, von Woche zu Woche und gibt sich, trotz bitterer Tränen, mit dem zufrieden, was sie hat, ohne die Ursache ihres Leids aufzudecken und endgültig zu beseitigen.

Das Verhalten von Gundula und vieler anderer Frauen, deren

Wahl auf Männer fällt, die gleichgültig, lieblos, aggressiv, süchtig, grausam und brutal sind, läßt sich immer nur von Fall zu Fall genau erklären. »Bei Frauen, die zu sehr lieben, wird die Partnerwahl von dem bedrängenden inneren Bedürfnis bestimmt, diejenigen zu kontrollieren, die ihnen am nächsten stehen«, meint Robin Norwood. Ihr »Kontrollbedürfnis« sei das Ergebnis von in der Kindheit erlebten überwältigenden Gefühlen, wie Angst, Scham, Schuld, Wut.

Eine Methode, um nicht zusammenzubrechen, ist die Verleugnung, ein starker Abwehrmechanismus und die Kontrolle. Verleugnung ist eine Nichtbeachtung von Informationen, unter denen Menschen wie Gundula zusammenbrechen würden, wenn sie ihnen täglich ins Auge blicken müßten. Lieber leugnet sie die Realität, aber auch ihre Gefühle hinsichtlich dieser Realität.

Diese Unfähigkeit, der Wahrheit ins Gesicht zu sehen, funktioniert meist nur so lange, bis eine existenzielle Bedrohung eine Richtungsänderung nötig macht. Bei Gundula ist dies, auch wenn sie krank geworden ist, noch nicht der Fall. Sie ist noch immer nicht tief genug gefallen.

13 »Nimm mich so, wie ich bin«

»Nimm mich so, wie ich bin,
einfach so, wie ich bin.
Ich seh' all meine Fehler ein,
doch anders kann ich nicht sein.«
Refrain eines deutschen Schlagers

Jeder kennt das französische Märchen »La Belle et la Bête«, »Die Schöne und das Tier«. Die Schöne begegnet dem furchterregenden Ungeheuer und ist, um ihre Familie zu retten, bereit, ihr Leben mit dem Tier zu teilen. Aus ihrer anfänglichen Abscheu wird aber Liebe. Und diese bewirkt, daß aus dem Tier ein Prinz wird.

Auf den ersten Blick ist dies ein Märchen, das die altbekannte Botschaft weitergibt, nur die Kraft der weiblichen Liebe mache aus einem Tier einen Prinzen, aus dem lieblosen einen liebenden Mann. Der wahre Kern des Märchens aber lautet: Wer einen Menschen akzeptiert, der verschafft ihm die innere Freiheit, sich zu entwickeln und das Beste aus sich zu machen.

Viele Frauen sind bereit, gegen ihre Rolle als dienende Ehefrau und Mutter zu rebellieren, doch nur wenige wehren sich dagegen, »Spiegel« ihrer Männer zu sein, in dem diese ihre Ideale und Phantasien wiederfinden. Das liegt daran, daß Frauen dieses Verhalten in unserer Kultur beigebracht wird. Auch Frauen benutzen ihre Partner als Leinwand, auf die sie ihre Wünsche projizieren.

Diese Wünsche, die eigentlich kindliche Illusionen und Phantasien sind, werden in der Kindheit angelegt, dann, wenn der Säugling nicht genügend Zuwendung, Geborgenheit und Sicherheit erfährt. Wie die Säuglingsforschung zeigt und die allgemeine Lebenserfahrung bestätigt, haben Kinder in ihrem allerfrühesten Entwicklungsstadium stark ausgeprägte Abhängigkeits- und Versorgungswünsche, die durch tiefe, echte Zuwendung befriedigt werden müssen. Doch viele erleben, daß ihr Bedürfnis nach tiefer Emotionalität nur mit oberflächlicher Zuwendung in Form von Nahrung und Kleidung abgedeckt wird. Dadurch entsteht ein Defizit, das lebenslang nach Ausgleich verlangt. Auch wenn diese Kinder längst erwachsen sind, sehnen sie sich nach geborgener Abhängigkeit. Ihre unbefriedigten Sehnsüchte wachsen zu mächtigen Phantasien, die niemand befriedigen kann. Diese Phantasien werden durch Freunde, Literatur und Medien angeregt. Dort werden ihnen Beziehungen vorgegaukelt, die unrealistisch sind. Ihre Sehnsucht nach Verschmelzung und Vereinigung mit dem Partner und die Wünsche an ihn überschreiten oft genug das Maß menschlicher Fähigkeit, denn sie sind so allumfassend, grenzenlos und absolut wie die Versorgungswünsche von Kleinkindern.

Während Frauen auf die frühe emotionale Vernachlässigung mit einer ungestillten Beziehungssehnsucht reagieren, finden wir bei Männern eher den Wunsch nach früher Ablösung und Angst vor Beziehungen.

Ängste vor dem Alleinsein, große Bereitschaft, sich kritiklos auf andere Menschen zu verlassen, gepaart mit der Tendenz, die Augen zu verschließen, sind typische Charaktermerkmale von Frauen. Dies wird als ängstliches, abhängiges Unreifesyndrom bezeichnet. Es sind Menschen, die nicht für sich selbst geradestehen können, die ihre eigenen Schwächen nicht erkennen und sich deshalb nicht schützen können. Die Frauen, die in diesem Buch beschrieben werden, sind in eine Beziehung gesprungen wie blinde Passagiere, die auf einen Zug springen, von dem sie nicht wissen, wohin er fährt. Sie haben sich einem Zugführer anvertraut, den sie nicht kennen, doch sie hoffen, daß er sie an ihr Traumziel bringt.

Heute geht es darum, ein Bewußtsein dafür zu bekommen, wie man sich glücklich zusammenrauft, Probleme verhindert oder gemeinsam löst. Wie das vonstatten gehen kann, zeigte der Film *Vier Hochzeiten und ein Todesfall* (1994), bei dem der Held durch vier Hochzeiten im Freundeskreis ein Bewußtsein dafür bekommt, was der Sinn einer Partnerschaft ist. Endgültig wird ihm dies klar, als er, selbst vor dem Traualtar stehend, die eindringlichen Worte des Priesters hört, der ahnt, daß der Bräutigam heiratet, aber nicht bereit ist, wirklich die Partnerschaft einzugehen. Die Hochzeit wird in letzter Minute nicht vollzogen, weil auch dem Bräutigam endlich klar wird, daß er eine andere liebt und die Verpflichtungen seiner Braut gegenüber nicht einhalten kann. Er verhindert dadurch ein Beziehungsdesaster.

Die meisten Menschen lernen nur durch Schmerz, Leid oder wenn äußere Umstände wie Armut, Krankheit oder der Verlust eines Menschen drohen. Erst wenn sie mit dem Rücken an der Wand stehen, wird den meisten klar, daß sie nicht weiter rückwärts gehen können.

Über 30 Prozent der Paare gehen oft schon nach wenigen Jahren der Ehe auseinander. Es ist sicher nicht falsch zu sagen, daß sie am Mythos der romantischen Liebe scheitern. Viele trennen sich, um ein neues Leben zu beginnen, um all das zu tun, wovon der andere sie angeblich abgehalten hat. Sie wollen dann endlich eine neue Ausbildung beginnen, die der andere für unsinnig hielt, wollen Hobbys nachgehen, die der andere öde fand, sie wollen anders reisen, woran sie der Partner bislang gehindert hat. Doch wenn man sie nach der Scheidung trifft, stellt man fest, daß sie in erster Linie eine neue Partnerin, einen anderen Gefährten gesucht und gefunden haben.

Objektiv betrachtet hätten sie alle Dinge, die sie in ihrer ersten Beziehung vermißten, während dieser Ehe tun können. Die radikale Trennung von Ehefrau, -mann oder Kindern wäre dazu nicht notwendig gewesen. Der wahre Grund, warum sie ihre Wünsche auch in der neuen Beziehung nicht in die Realität umsetzen, liegt darin, daß ihnen die Vorstellungskraft und Selbstdisziplin dazu fehlt, die Dinge in die eigene Hand zu nehmen. Sie erwarten von ihren Partnern, daß diese ihre Träume erfüllen, ihr nicht gelebtes Leben verwirklichen und zu einem Ganzen machen, ohne ihre eigene Initiative. Wenn sie dann bemerken, daß ihnen das Leben nicht auf dem Silbertablett serviert wird, daß sie seit Jahren unerfüllt sind, schieben sie die Schuld den anderen zu. Die standen ihnen dann plötzlich im Weg und hinderten sie daran, zu sich selbst zu finden. Die Beziehung wird beendet, und sie machen sich sofort auf die Suche nach einem neuen Partner. Ein neues Spiel, ein neues Glück – doch meist nur für kurze Zeit. Das neue Spiel entpuppt sich bald als das alte Spiel. Das Schema bleibt das gleiche, und es führt wieder zu denselben Frustrationen.

Wenn Menschen nicht wie Tristan und Isolde jahrelang in einem (Beziehungs-)Wald umherirren wollen, müssen sie begreifen, daß sie ihr Leben und ihre Beziehung selbst in die Hand nehmen müssen. Es gilt, beides zu sein, Individuum und Partner: zwei Seiten derselben Medaille. In dem Maße, wie Frauen (und Männer) ihre Gefährten von der Last befreien, Träger ihrer Seele zu sein, in dem Maße wird es ihnen möglich sein, sie als das zu sehen, was sie sind: einzigartige Persönlichkeiten, ganz normale Menschen.

Heilung ist möglich, doch sie dauert lange. Der erste schmerzhafte Prozeß ist der der Enttäuschung, die letztlich nur das Ende der Täuschung ist. Die Nachreifung im Erwachsenenalter ist, wenn auch unangenehm, auf lange Sicht gewinnbringend, denn der Verlauf der kranken oder gescheiterten Beziehung wird auf den Kopf gestellt. Waren anfangs – wie in den Beispielen immer wieder skizziert – kurzfristige Gewinne bei langfristigen Verlusten zu beobachten, so führen nun kurzfristige Schmerzen und unbequeme Wahrheiten zu einer langfristigen Belohnung: Überwindung der Abhängigkeit, die Einkehr der Wirklichkeit, die Fähigkeit zur Selbstverantwortung und vor allem Bindungs- und Liebesfähigkeit.

Nur diese Fähigkeiten garantieren befriedigende Beziehungen. Dies erfordert aber nicht nur eine Entwicklung der Frauen, sondern auch die Veränderung der Männer. Sie müssen lernen, Macht und Wissen zu teilen, ihre Partnerschaft als Miteinander zu begreifen, auch dann, wenn sie unterschiedlicher Meinung sind. »Ein Gewitter reinigt die Luft«, sagt der Volksmund. Das bedeutet, daß es notwendig ist, auch das auszusprechen, was unangenehm ist, was zu Streit, Krach und »atmosphärischen« Störungen führt.

Männer müssen sich der positiven Aspekte ihrer Männlichkeit bewußt werden und aufhören, lächerliche und längst überholte patriarchale Denk- und Lebensmuster unbedacht weiterzuführen. Frauen müssen aus ihrer kindlichen Abhängigkeit heraus und sich ihrer Qualitäten und ihrer Stärke bewußt werden.

In der Liebe müssen beide den Widerspruch zwischen innerem Ideal und äußerer Realität auflösen. Die östliche

Zen-Philosophie, die sagt, daß inneres Wachsen immer die Erfahrung von einer rotglühenden Kohle ist, die in unserem Hals steckt, paßt genau auf unsere Erfahrung mit der Liebe: Wir können sie nicht runterschlucken, aber auch nicht ausspucken – nicht mit ihr leben und nicht ohne sie. »Der einzige Weg, der uns bekannt ist, um einen Zugang zu den beiden großen Liebeshaltungen zu finden, besteht darin, sich zu verlieren, an das Kreuz des Widerspruchs geschlagen zu werden und zu lernen.« (Johnson)
Diesen dornigen Weg mußte auch Almut gehen. Gekreuzigt und fast gestorben, hat sie mühsam gelernt, aufrecht zu stehen und standhaft zu bleiben. Der Weg von der Ent-Täuschung zum Ende der Täuschung war lang.

14 Almut
oder Das Ende der Täuschung

Ehemann Nr. 1 lernt sie mit 17 kennen. Er ist zehn Jahre älter, Besitzer eines Hauses, ein Beamter in gehobener Stellung. Zwei Jahre später sind sie verheiratet. Ihr Leben verläuft in ruhigen Bahnen. Doch dann entdeckt sie, daß er spielt und das Haus, das inzwischen auch ihr gehört, zur Deckung seiner Spielschulden an die Bank verpfändet hat. Das hatte sie nicht von ihm erfahren, das hatte ihr das Grundbuchamt mitgeteilt. Als sie ihren Mann damit konfrontiert, verläßt er wortlos das Haus und verkriecht sich bei seinen Eltern, die außerhalb der Stadt leben. Das Haus wird zwangsversteigert, das Ehepaar wird geschieden. Almut beendet den ersten Akt ihres Lebensdramas mit 15000 Mark Schulden. Die übernehmen ihre Eltern, und Almut schwört: Nie wieder!

Kandidat Nr. 2 ist ein Handelsvertreter. Doch Almut ist vorsichtiger geworden. Sie läßt ihn zwar in ihr Bett, später auch an ihren Tisch, doch den Bund fürs Leben geht sie nicht ein, auch eine gemeinsame Kasse lehnt sie ab. Aber dann wird sie schwanger, bekommt einen Sohn und erfährt, daß ihr Lebensgefährte noch andere Frauen neben ihr hat. Sie diagnostiziert Sexsucht und beschließt, ihn zu retten. Lange Gespräche, geduldige Anteilnahme, Eheberatungen und die Planung der gemeinsamen Zukunft sollen ihn auf den rechten Weg bringen. Sie kaufen gemeinsam ein Haus, sie trägt die Hälfte und ist auch als Mitbesitzerin eingetragen. Doch er ändert sich nicht. Almut beginnt zu kapitulieren. Sie weint viel, scheinbar grundlos, wird plötzlich aggressiv, hat vor allem keine Lust mehr auf

Sex mit ihm. Er verläßt sie. Mit einer frigiden Frau, so sagt er, will er nicht zusammenleben. Er stellt den Antrag zur Zwangsversteigerung des Hauses. Sie geht mit 33 000 Mark Schulden aus der Beziehung. Diesmal helfen ihr die Eltern nicht. »Du hast dir die Suppe eingebrockt«, sagen sie, »sieh zu, wie du sie auslöffelst.« Es gelingt ihr, bei ihrem Arbeitgeber ein zinsgünstiges Darlehen zu bekommen, die monatlichen Belastungen sind tragbar.

Almut lebt nun alleine. Der Sohn pendelt zwischen Großeltern und Kindergarten, sie sieht ihn selten. Sie arbeitet ganztags. Zwei kurze Affären sind die einzige Abwechslung in ihrem Leben. Sie ist nun 33 Jahre alt. Da tritt Kandidat Nr. 3 auf – ihr Traummann. Er sieht blendend aus, dunkelhaarig, schnauzbärtig, athletisch, Typ Frauenheld. Er ist Versicherungsfachwirt, geschieden und Vater eines 14jährigen Sohns.

Almut läßt alle Vorsicht fahren, landet schon am ersten Abend in seinem Bett und steht drei Tage später mit Sack und Pack und Sohn vor seiner Tür.

Kurz nach ihrem Einzug bekommt Almut einen Anruf. Am anderen Ende der Leitung ist die geschiedene Ehefrau ihres Supermanns. »Sei vorsichtig, er ist ein Quartalssäufer, und er ist nicht lange zu halten«, warnt sie die Nachfolgerin. Almut will das nicht hören.

Die erste Sauftour genehmigt er sich pünktlich nach drei Monaten. Drei Tage ist er spurlos verschwunden. Dann taucht er mit blutunterlaufenen Augen reumütig wieder auf. 1900 Mark hat er bei der Sauftour auf den Kopf gehauen. Er gelobt sofortige Besserung und verspricht ihr den Himmel auf Erden. Die kommenden Wochen bleibt er zu Hause, arbeitet, schmiedet Pläne, hilft ihr im Haushalt und gelobt täglich, nie wieder zu trinken.

In Almut erwacht erneut ihr Helfersyndrom. Sie glaubt, daß nur die Ehe ihm Halt gibt, will ihn retten. Erleichtert wird ihr Entschluß durch das gute Verhältnis, das zwischen ihrem Sohn und dem Liebhaber besteht. Der Mann will den Jungen adoptieren, und er verspricht, sie von ihren Schulden zu befreien.
Wieder läuten die Hochzeitsglocken. Drei Monate später ist er erneut abgetaucht. Fünf Tage hört sie nichts von ihm. Diesmal hat er mehr als 2000 Mark versoffen. Zerknirscht und mit Tränen in den Augen verspricht er ihr, eine Therapie anzutreten. Als er tatsächlich eine Beratungsstelle aufsucht, schöpft sie neue Hoffnung.
Drei Monate gehen vorbei, und tatsächlich stürzt er nicht ab. Er macht sich sogar selbständig, beginnt seine beruflichen Pläne zu verwirklichen, ein eigenes Versicherungsbüro. Und wieder wird ein Haus gekauft. Für das Gründungsdarlehen unterschreibt sie eine Bürgschaft über 50 000 Mark. Das Haus kostet 280 000 Mark, auch dafür unterschreibt sie. Das Haus wird auf beide eingetragen, die Firma gehört ihm.
Eines Tages stellt sie fest, daß er heimlich trinkt. Von ihr darauf angesprochen, meint er, sie solle sich keine Sorgen machen. Nur ab und zu genehmige er sich einen Schluck, in der Gruppe habe er gelernt, kontrolliert zu trinken. Kontrolliert trinken bedeutet nun, daß er bereits nach zwei Tagen von seinen Touren heimkommt.
Sie sind sieben Jahre verheiratet, als Almut auffällt, daß ihr Mann von dem gemeinsamen Konto große Summen abbucht. Die letzte Auszahlung beläuft sich auf 15 000 Mark und sprengt das Dispositionslimit. Sie fordert erregt eine Klärung, er weicht aus. Da beginnt sie zu recherchieren und stellt fest, daß er seit Monaten keine Kunden mehr be-

sucht und statt dessen in den Kneipen der Umgebung herumhängt. Die Arbeit, so erklärt er nun, sei ihm über den Kopf gewachsen, er habe sich der Verantwortung nicht mehr gewachsen gefühlt. Und dann erfährt sie noch, daß er die Therapie vor langer Zeit hingeschmissen hat, auch die sei ihm zuviel geworden. 37000 Mark Miese haben sie auf dem gemeinsamen Konto. Wieder verspricht er Besserung, sie glaubt ihm nun kein Wort mehr, aber Konsequenzen zieht sie trotzdem keine. Sie will es noch einmal – ein drittes Mal – versuchen.

Sie gehen zu einer Paartherapie. Doch er hält es nicht lange aus, er will nicht mit seinen Schwächen, nicht mit der Realität konfrontiert werden. Seine Gewohnheiten will er nicht aufgeben – warum auch. Almut fängt ihn schließlich auf, das hat sie doch all die Jahre getan. Ohnedies ist Almut in seinen Augen an allem schuld, sie mit ihrer Hysterie, wie er sagt. Als er bei der Therapie aufgefordert wird, doch mal über seinen Anteil nachzudenken, rennt er davon.

Nun ist der Augenblick gekommen, an dem Almut sich trennen kann. Sie reicht die Scheidung ein. Wieder wird ihr Heim versteigert, ihr bleiben wieder nur Miese. Die neuen und die alten Schulden summieren sich auf über 40000 Mark. Nach drei gescheiterten Versuchen beginnt sie nun endlich, sich zu behaupten, ihr Leben zu ordnen. Sie macht eine Einzeltherapie.

Als Almut wieder einen neuen Mann kennenlernt, stehen zum erstenmal nicht Sex und Aussehen des Mannes im Mittelpunkt der Beziehung. Wichtiger sind gemeinsame Gespräche. Almut und der neue Mann kennen sich acht Monate, als sie zum erstenmal miteinander schlafen. Er ist kein erotischer Supermann, sondern ein feinfühliger, aufmerksamer Mensch. Ohne Hast denken sie beide über eine gemeinsame Zukunft nach. Er ist Kommunalangestellter mit geregelter Arbeitszeit, festen Bezügen und gesicherter Position, weder verheiratet noch geschieden, und hat mit knapp 40 Jahren noch ein ganzes Leben vor sich – viel Zeit also für eine ruhige und gelassene Gangart in der Beziehung.

Ehemann Nr. 3 machte in der Scheidungsphase noch jede Menge Schulden und überzog gnadenlos das gemeinsame Konto. Nach der Scheidung stürzte er endgültig ab. Er leistete einen Offenbarungseid, ging nie wieder arbeiten und lebt inzwischen von der Sozialhilfe. Daraufhin standen die Gläubiger vor Almuts Tür.

Zusammen mit ihrem neuen Partner gelang es ihr, die Forderungen abzuwehren. Sie konnte nachweisen, daß ihr Mann die Schulden mutwillig in der Trennungsphase gemacht hatte. Sie wurde schließlich – wenn auch erst nach langwierigen Verhandlungen – aus der Zahlungspflicht entlassen. Für die während der Ehe gemachten Schulden, für die sie gebürgt hatte, muß sie allerdings ebenso aufkommen wie für die Altlasten aus den früheren Verbindungen. Auch da half der Freund ihr bei den Verhandlungen mit den Banken und erreichte eine Umschuldung, die die monatlichen Belastungen tragbar macht.

Psychologischer Kommentar

Almut ist das älteste von drei Kindern. Der Vater, ein Briefträger, ist ein verbitterter Mensch, der glaubt, das Leben sei ihm etwas schuldig geblieben. Er ist unzufrieden, gallig und präsentiert sich gerne als strenges Familienoberhaupt. In Wirklichkeit aber ist er ein schwacher Mann, der unter der Fuchtel seiner Frau steht. Die Mutter, von der Almut sagt, sie sei eine »hysterische Mimose«, stellt hohe Anforderungen an die beiden Töchter und an den Sohn. Doch nie lobt sie, am liebsten straft sie mit Liebesentzug. Wenn sie mit Problemen konfrontiert wird, erleidet sie regelmäßig einen Migräneanfall.

Almut, angepaßt und brav, reagiert im Leben so, wie sie es von der Mutter gelernt hat. Auf der einen Seite hat sie ihre Männer fest im Griff, hält die Zügel in der Hand, doch auf der anderen Seite weigert sie sich, die Realität zu erkennen. Nur allzu bereitwillig läßt sie sich auf die Scheinlösungen ein, die ihr die Männer vorschlagen, und wenn es mal gar zuviel wird, dann weint sie, wird unleidlich, manchmal aggressiv. Sie straft mit Liebesentzug, wie sie es von ihrer Mutter gelernt hat, doch sie zieht nie Konsequenzen.

Almut leidet zudem unter einem Helfersyndrom. Sie will die von ihr als schwach erlebten Männer »erlösen«, ihnen helfen. Sie gibt ihnen Liebe, opfert sich für ihre Schwächen auf, aber nur um sich selbst zu helfen, ihre persönlichen Defizite auszugleichen, die sie in Kindheit und Jugend in ihrer Familie erlebt hat. Keiner hat ihr je geholfen in ihrer Not. Wenn sie jetzt anderen hilft – so hofft sie unbewußt –, wird sie selbst gerettet. So erfüllt sie sich auf kompliziertem Weg den einfachen Wunsch nach Anerkennung und Achtung ihrer Person.

In 30 Einzelgesprächen und 50 Gruppensitzungen hat sie gelernt, nein zu sagen, Grenzen zu ziehen. Sie hat gelernt, daß man nicht blind in eine Beziehung stürzen darf und daß Helfen auch eine Sucht sein kann und sie nicht die falschen Menschen zu ihrem Glück zwingen sollte. Sie hat begriffen, daß finanzielle Vorsicht nicht gleichbedeutend ist mit mangelnder Liebe dem Partner gegenüber, sondern ein notwendiger Eigenschutz. Kein Mann wird es je wieder schaffen, Almut mit dem Hinweis »Wenn du mich liebst, unterschreibst du« unter Druck zu setzen. Sie ist inzwischen fähig, die Grenzen ihrer Leidensfähigkeit und Opferbereitschaft zu erkennen und aktiv zu verteidigen. Auf rote Rosen, Zärtlichkeiten und schnell gemachte Ver-

sprechungen reagiert sie nicht mehr. Sie denkt nicht mehr mit dem Bauch, sondern mit dem Kopf. Sie hat gelernt, daß sie ihre Wünsche ohne Angst und Not direkt äußern kann.
Neben der Selbsterkenntnis ist Aufklärung und Information der beste Schutz, um Pleiten dieser Art zu vermeiden. Mit dem Bund fürs Leben gehen Mann und Frau Verpflichtungen ein. Diese sind in Ehe- und Familiengesetzen festgehalten. Auch Trennung und Scheidung werden gesetzlich geregelt. Wie das geschieht, steht ebenfalls in Gesetzbüchern. Entsprechend informiert, kann man vorsorgen, damit die Ehe nicht zur (finanziellen) Pleite wird.

15 Damit die Ehe nicht zur (finanziellen) Pleite wird

Tips von Barbelies Wiegmann, Scheidungsanwältin

Sie sind seit vielen Jahren Scheidungsanwältin. Welche Fehler machen Frauen während ihrer Ehe immer wieder?

Sie achten oft nicht darauf, daß das Vermögen – Häuser, Wohnungen, Geld, Wertpapiere, Autos –, das während der Ehe angeschafft wird, auch auf ihren Namen läuft, und zwar unabhängig davon, ob Gütertrennung vereinbart wurde oder nicht. Wenn Gütertrennung vereinbart wurde und der Mann nur in seinem Namen Eigentum angeschafft hat, besteht bei der Scheidung keine Chance für die Ehefrau, davon etwas zu erhalten.

Ich will ein Beispiel erzählen, wo genau das passierte und wo ich fast zwei Jahre für die Frau gekämpft habe, ohne viel zu erreichen: Das Paar hatte in den siebziger Jahren geheiratet. Er war Drogist, sie Beamtin. Zu Beginn der Ehe eröffnete er einen Laden und machte ihr den Vorschlag der Gütertrennung. Sein Argument war – und ich gehe davon aus, daß es sich damals nicht um Arglist handelte –, daß sie im Falle einer Pleite dann nicht mit für die Schulden haften brauche. Die Frau willigte ein. Doch dann kam es eben anders. Er machte nicht Pleite, sondern viel Geld und kaufte im Laufe der Ehe mehrere Eigentumswohnungen und Häuser, alle auf seinen Namen. Dann ging die Ehe schief, und sie stand plötzlich vor dem Nichts. All die Jahre, in denen sie mitgearbeitet und mitverdient und nebenher die

Kinder großgezogen hatte, waren ohne Bedeutung. Sie hatte die Gütertrennung unterschrieben und danach nie darauf gepocht, daß unter den diversen notariellen Kaufverträgen auch ihr Name stand. Nur mit Mühe ist es mir gelungen, ihn zur Herausgabe einer kleinen Eigentumswohnung zu bewegen. Das Ergebnis von über zwanzig Jahren Ehe, in denen sie neben der Erziehung der Kinder und dem Führen des Haushaltes immer noch mitgearbeitet hatte, ist eine winzige Eigentumswohnung, während er in Geld und Häusern schwimmt.

Wie sieht es aus, wenn keine Gütertrennung besteht?

Dann leben die Eheleute in der sogenannten Zugewinngemeinschaft. Das bedeutet, daß alles, was sie in der Ehe angeschafft haben, und zwar gleichgültig, ob nur einer oder beide verdienen, bei der Scheidung geteilt wird. Wenn nun aber auch in einer solchen Zugewinngemeinschaft – ich nenne das gerne »heimliche Gütertrennung« – der Name der Ehefrau nicht als Miteigentümerin auftaucht, dann wird zunächst der Zugewinn, also was vorhanden ist, geteilt. Doch teilen kann man eben nur, wenn es was zu teilen gibt. Hat der Ehemann, was er kann, während der Ehe *sein* Eigentum beiseite geschafft, und zwar so, daß es keiner findet, dann hat sie ebenfalls das Nachsehen.

Mit anderen Worten, eine Gütertrennung ist zu empfehlen?

Nicht unbedingt, denn auch die kann ihre Tücken haben, wie ein anderes Beispiel zeigt. Vor einiger Zeit kam ein junges, frischverheiratetes Paar in meine Praxis, um eine Gütertrennung zu vereinbaren. Beide waren berufstätig und verdienten nicht schlecht. Kinder hatten sie keine. Im Verlauf des Gesprächs stellte sich heraus, daß vor allem sie auf einer Gütertrennung bestand, weil sie Angst hatte vor seinem Umgang mit Geld. Während sie sehr sparsam war, gab er gerne sein Geld aus. Sie wollte also aus Sicherheitsgründen die Gütertrennung. Doch dann stellte ich die Frage nach Kindern, und es kam heraus, daß sie beide Nachwuchs planten und sie nach der Geburt zu Hause bleiben wollte. Damit wäre sie aber mit einer simplen Gütertrennung im Nachteil gewesen, wie das Beispiel des Drogistenehepaares zeigte. Wir setzten zusammen einen Vertrag auf, in dem er verpflichtet wurde, falls sie die gemeinsamen Kinder großzieht, zukünftiges Vermögen auf beider Namen anzulegen.

Wie sieht es aber nun mit Schulden aus, die der Ehemann macht? Muß sie – Gütertrennung oder Zugewinngemeinschaft – dafür geradestehen oder nicht?

Weder in dem einen noch in dem anderen Fall. Eine Ehefrau muß die Schulden, die ihr Mann gemacht hat, nicht bezahlen. Bei Gütertrennung ohnedies nicht, und bei der Zugewinngemeinschaft auch nicht. Das wissen jedoch die wenigsten Frauen. Sobald allerdings ihre Unterschrift unter einem Kreditvertrag oder unter einer Bürgschaft steht, ist sie zur Rückzahlung seiner Schulden (mit) verpflichtet. Wenn er einfach verschwindet, wie das auch vorkommt, muß sie die gesamte Schuld tragen.
Ansonsten sind die Schulden des Ehemannes für die Ehefrau nur relevant beim Zugewinnausgleich. Beispiel: Beide haben jeweils 50000 Mark gespart. Er aber hat gleichzeitig 50000 Mark Schulden gemacht. Damit sind seine 50000

Mark weg, und sie muß ihm nun von ihren 50000 die Hälfte, also 25000 Mark, abgeben.

Warum sind Frauen oft so naiv und unterschreiben Bürgschaften und Kreditverträge über Summen, die sie meist nicht zurückzahlen können?

Nun, zum einen sind sie in einer Zwangslage. Er, der Kaufmann, kommt zu ihr, der von ihm abhängigen Ehe- und Hausfrau, und erklärt: »Wenn du nicht unterschreibst, dreht mir die Bank den Hahn zu. Dann können wir zusammen einpacken.« Sie denkt, ihre Unterschrift wäre die letzte Rettung. Also unterschreibt sie. Dazu kommt, daß Frauen sich äußerst ungern mit Formalien beschäftigen, sie halten sie sich am liebsten vom Leib. Dies erlebe ich seit mehr als 20 Jahren. Außerdem haben sie ein Mißverhältnis zum großen Geld. Ab 10000 Mark unterschreiben sie alles. Besonders gefährdet sind Hausfrauen, weil die zum Geschäfts- und Erwerbsleben eine große Distanz haben, vor allem wenn sie schon lange nicht mehr berufstätig sind. Sie erleben zudem, daß der Ehemann sie versorgt, und glauben blindlings: »Alles, was mein Mann macht, ist richtig, darauf kann ich mich verlassen.«

Ist es aber nicht auch so, daß viele Männer ihre Frauen absichtlich dumm halten, wenn es um die Finanzen der Familie geht?

Zum Dummhalten gehören immer zwei – einer, der es tut, und eine, die es mit sich machen läßt. Ich erlebe leider immer wieder, daß Frauen es oft auch nicht wissen wollen. Sie fragen gar nicht erst. Vielleicht würden sie ja nicht beim ersten Mal eine Antwort erhalten, aber ich bin sicher, wenn sie insistieren würden, bekämen sie die gewünschte Auskunft. Dieses »Ich weiß nicht, was mein Mann verdient« erlebe ich vor allem in der intellektuellen Mittelschicht. Da herrscht auch noch heute das Frauen- und Familienideal des 19. Jahrhunderts. Er ist das unumschränkte Oberhaupt der Familie, sie die züchtige Gattin, treusorgend, lieb und abhängig. In sogenannten Unterschichtsfamilien erlebt man hingegen viel häufiger, daß Frauen die »Finanzminister« sind, also das Familienbudget verwalten.

Spielt Geld in den Partnerschaften Ihrer Meinung nach auch dann eine Rolle, wenn noch keine Scheidung ansteht?

Eine Rolle spielt es auf alle Fälle. Ob sie groß ist oder klein, hängt von verschiedenen Dingen ab. Kaum eine Rolle spielt Geld in den Ehen, wo beide Geld verdienen. In diesen Fällen kann Geld nämlich nicht als Mittel zur Machtausübung benutzt werden. Ich habe einmal erlebt, wie schon ein bißchen selbstverdientes Geld dazu führte, daß sich das Machtgefüge in einer Ehe völlig veränderte. Es war eine Frau, die zu mir kam, weil sie von ihrem Mann nicht nur kaum Geld bekam, sondern auch geprügelt wurde. Ich riet ihr, arbeiten zu gehen. Sie besorgte sich einen Job als Packerin. Schon der geringe Lohn, den sie verdiente, machte sie zu einem völlig anderen Menschen. Sie konnte ihrem Mann ganz anders entgegentreten. Geld ist Macht. Wer es in den Händen hält, kann damit erpressen, schafft Abhängigkeiten und hat immer das letzte Wort. Er kann jederzeit den Hahn zudrehen. Die Emanzipation beginnt beim Portemonnaie.

Ich würde sagen, sie wollen nicht, aber sie fürchten die Autonomie. Die Frankfurter Psychotherapeutin und Buchautorin Marina Möller-Gambaroff hat einmal gesagt: »Emanzipation macht angst.« Sie macht deshalb angst, weil man die gesamte Verantwortung für sich übernehmen muß, und das ist ziemlich anstrengend. Es ist nun mal bequemer, andere für sich entscheiden zu lassen. Aber der Preis, den manche dafür gezahlt hat, war sehr hoch.

Frauen geben ihr Geld, so die Beobachtung von Schuldenberaterinnen, eher für die Familie und ihre Männer und seltener für sich aus, und sie haben oft, wie im Kapitel über Frauen und Geld dargestellt, ein schlechtes Gewissen, wenn sie sich Luxusdinge kaufen wie etwa das unverschämt teure Designer-Kleid. Doch es wäre an der Realität vorbei geschrieben, wenn wir Frauen nur als Aschenputtel oder als Opferlämmer sehen würden.
Wie der nächste Fall zeigt, werden Frauen nicht nur aus Dummheit oder durch kriminelle Veranlagung, Sucht oder Verantwortungslosigkeit ihrer Männer zu Verliererinnen. Häufig sorgen Geltungsdrang, die Liebe zum Reichtum, die Sucht nach Luxus und der feste Wille, Kasse zu machen, um auf die Sonnenseite des Lebens zu gelangen, dafür, daß sie nicht früh genug auf die Bremse treten.

16 Barbara oder »Kein Genuß ohne Reue«

Als Barbara nach mehr als zehn Jahren die Augen aufgingen, stand sie vor dem Nichts. Blind den Geschäften ihres Mannes gegenüber, lebte sie ein Leben im Luxus und wollte nicht wahrhaben, was jeder ahnte: Der Lebensstil ging weit über ihre Verhältnisse. Barbara aber sah weder den wachsenden Schuldenberg, noch daß die Geschäfte des Mannes immer dubioser wurden. Andeutungen von Freunden überhörte sie, Kritik ihrer Familie ignorierte sie, Kontoauszüge las sie nicht, ein klärendes Gespräch mit ihrem Mann suchte sie nicht.

Heute ist sie geschieden und lebt mit Tochter und Sohn in einer tristen Siedlung am Rande der Stadt. Geblieben sind ihr die minderjährigen Kinder, miese Erinnerungen, ein mühsamer, grauer Alltag und hohe Schulden. Die kann sie schon lange nicht mehr ignorieren, denn jeden Monat wird ihr Gehalt bis zur Existenzgrenze heruntergepfändet.

Barbara hätte die Anzeichen früh genug erkennen können. Es wäre ein leichtes gewesen, nachzurechnen, daß Ausgaben und Einnahmen irgendwann nicht mehr übereinstimmten. Doch sie zog es vor, selbst dann noch Augen und Ohren zu verschließen, als der Gerichtsvollzieher an die Tür klopfte. »Vertrau mir«, hatte ihr Mann verlangt, wenn sie hin und wieder doch einmal ängstlich nachfragte.

Als sie sich kennenlernten, war von all dem nichts zu spüren. Sie war Ende 20 und bereits berufstätig. Er, ein wenig älter als sie, schloß gerade sein Studium ab. Sie trafen sich in einer Bar. Es war nicht Liebe auf den ersten Blick, doch sein Charme sorgte dafür, daß es beim zweiten Hinschauen um sie geschehen war. Er gab ihr das Gefühl, wichtig zu sein, verwöhnte sie, erfüllte ihre Wünsche prompt, selbst die, die sie noch gar nicht geäußert hatte. Die Tochter aus bürgerlichem Hause, die zwar behütet, aber nicht sonderlich verwöhnt worden war, fühlte sich wie ein umschwärmter Star. Nie zuvor hatte sich jemand um sie so bemüht, hatte ihr ein Mann so ungeteilt seine Aufmerksamkeit geschenkt. Er hörte ihr zu, nahm sie ernst, das begeisterte sie. Diese Fähigkeit, sich anderen vollständig zu widmen, blitzschnell auf ihre Schwächen und Stärken, auf Abneigungen und Wünsche zu reagieren, war und blieb die größte Begabung ihres Mannes.

Ihr gemeinsamer Start vor vielen Jahren war erfolgreich. Sie begannen als junges dynamisches Paar, das sich in einer Nobelgegend eine kleine Eigentumswohnung kaufte. Sie arbeitete weiter als Sozialpädagogin, er, der frischgebackene Betriebswirt, begann eine Karriere als Filmkaufmann. Für die kleine, aber feine Wohnung in einem Haus mit Schwimmbad und viel Grün drumherum mußten sie beide arbeiten. Doch die Schulden waren überschaubar, und ab und zu konnten sie sich ein neues Möbelstück leisten. Sie freuten sich über jede Anschaffung, genossen die Abende vor dem Kamin, ein gepflegtes Essen mit Freunden um den eigenen Tisch bei einer guten Flasche Wein. Doch bald schon genügte ihm das kleine Glück nicht mehr. Seine ersten beruflichen Erfolge stiegen ihm zu Kopf. Wie ein Raubtier, das die Beute wittert und die Spur aufnimmt, hechelte er nun hinter dem Geld her. Die ersten Zeichen seines Größenwahns waren zwei Neuwagen, die eines Morgens vor der Tür standen. Ein Porsche für ihn, ein Golf GTI für sie. Ihre Schulden stiegen um weitere 150 000 Mark, und es nahm kein Ende. Er buchte Reisen rund um die

Welt und immer first class. Ein Kindermädchen für die inzwischen geborenen Kinder mußte her, in den Kleiderschränken stapelte sich Kaschmir und Seide, standen handgefertigte Schuhe. Barbara genoß den Luxus und fragte zunächst nicht, wo er herkam. Als sie es irgendwann doch einmal tat, wurde er erst wütend, dann schwätzte er sie zu. Er redete von Leasing, günstigen Darlehen, von Zwischenfinanzierung und vor allem von kommenden Vertragsabschlüssen. Der Vortrag endete mit der Versicherung, es sei alles in Ordnung, sowie der Aufforderung, sie solle sich um Kinder und Haushalt kümmern und sich keine Sorge über Dinge machen, von denen sie ohnedies nichts verstehe. Sie verstand, schwieg und war froh, sich nicht um die Finanzen kümmern zu müssen. Auch sie sorgte dafür, daß die Scheinwelt aufrechterhalten blieb. Ihrer Unsicherheit, den Ängsten, dem Streit stand ihr persönlicher Gewinn gegenüber: die heile Welt, ein fürsorglicher Ehemann und liebevoller Vater und der immer größer werdende Luxus. An all das klammerte sie sich, bis es kein Halten mehr gab.

Barbara hatte in ihrem Elternhaus gelernt, daß Männer die Kasse verwalten und Frauen das Geld zugeteilt wird. Damit war schon ihre Mutter gut gefahren, warum sollte es ihr anders gehen. Sie hatte zwar lange Jahre ihr eigenes Geld verdient, doch das war ein überschaubarer Vorgang. Einmal im Monat kam das Gehalt, das steuerte sie zum Familienleben bei, der Rest war Angelegenheit ihres Mannes. Daß die alte Rollenteilung aber nur dann funktioniert, wenn keiner über das Ziel hinausschießt, das wurde ihr erst klar, als ihr Mann die Grenze längst überschritten hatte. Daß sie vieles hätte verhindern können, wenn sie sich nur einmal über ihre Rolle hinweggesetzt und auf eigene Faust recherchiert hätte, weiß sie heute. Damals war sie zu unsicher, ängstlich, aber auch zu bequem dazu. Es war einfacher, die Verantwortung auf den Ehemann zu schieben und das hilflose Frauchen zu spielen. Dafür zahlt sie nun einen hohen Preis.

Vielleicht wäre der Absturz nicht ganz so schmerzhaft gewesen, wenn sie an einem bestimmten Punkt die Zügel angezogen und halt gerufen hätte. Dieser Zeitpunkt war da, als der Gatte sein Traumhaus, eine Villa mit Park, fand und kaufte. Preis: 1,5 Millionen Mark. Mit Maklergebühr, Grunderwerbsteuer, Notargebühren für die Grundbucheintragung und Renovierung stieg die Gesamtsumme auf mehr als zwei Millionen Mark. Das verschwieg er Barbara, die schon beim Kaufpreis panisch wurde. Er beruhigte sie, redete ihr ein, die monatlichen Belastungen seien nach dem Verkauf der Eigentumswohnung nicht höher als 2000 Mark. Daß sie in Zukunft jeden Monat über 12000 Mark berappen würden, auch nach dem Verkauf der Eigentumswohnung, ließ sich vielleicht nicht so ohne weiteres ausrechnen, doch daß es mehr als 2000 Mark sein würden, hätte sie an einer Hand abzählen können. Doch Barbara wollte nicht zählen, sie ließ sich lieber unsanft wecken.

In der Filmbranche hatte ihr Mann inzwischen den Ruf, unseriös zu sein. Selbst ein bekanntes Magazin hatte über seine dubiosen Geschäftspraktiken berichtet. Seine Auftraggeber zogen sich zurück, sein gewagtes Finanzierungsgerüst begann zu wackeln. Er nahm weitere Kredite auf, und nun verlangten die Banken auch die Unterschrift von Barbara. Die ersten drei leistete sie noch freiwillig. Als sie sich dann weigerte, setzte er kurzerhand selbst ihren Namen unter die Verträge: legal, illegal, ihm war längst alles scheißegal. Er hatte die Grenze endgültig überschritten. Heute weiß Barbara: »Die gefährlichsten Lügner sind die,

die ihre Lügen selbst glauben.« Damals erkannte sie es viel zu spät.
Die häusliche Atmosphäre lag inzwischen irgendwo zwischen Eiseskälte und heftigem Gewitter. Er reagierte auf Vorwürfe und Ängste nur noch mit Schweigen oder Aggressionen. Sie verhielt sich wie das Kaninchen vor der Schlange, zitternd und unfähig, sich zu rühren, wartete sie auf das Ende. Das kam in Gestalt der Polizei, die ihren Mann wegen Betrugs verhaftete. In der Bank bekam sie nun nicht einmal mehr genügend Geld, um ihr Essen zahlen zu können.
Endlich erzwang sie den Verkauf der großkotzigen Villa und mietete ein Reihenhäuschen. Doch auch nach dem Verkauf des Hauses waren die Schulden, die längst die Zwei-Millionen-Grenze überschritten hatten, gerade mal zur Hälfte bezahlt. Sie gerieten, Ironie des Schicksals, an einen Betrüger, der sie fast um die Hälfte der Kaufsumme brachte und entgegen allen Absprachen das Haus abreißen ließ.
Nach seiner Verhaftung und dem Abriß des Hauses, das für ihn Symbol seiner Macht und Herrlichkeit gewesen war, verlor ihr Mann sämtliche Hemmungen. Er lieh sich bei jedem Geld, der ihm welches gab, schreckte nicht mal davor zurück, Kollegen von ihr anzupumpen, und brachte es sogar noch fertig, seinen Schwiegereltern das Erbe seiner Frau abzuschwatzen. Zu vielen Freunden und Bekannten hat Barbara heute den Kontakt abgebrochen, weil sie immer wieder erleben mußte, daß man sie, mal peinlich berührt im Nebenzimmer, mal lautstark vor allen Leuten, zur Rückzahlung aufforderte.
Die Endvierzigerin wird zusammen mit ihren Kindern bis zum Ende ihres Lebens am Rande des Existenzminimums leben. Die Kinder haben das häusliche Chaos, den Abbau

ihres Heldenvaters, seine Verhaftung, den sozialen Abstieg nur schwer verkraftet. Sie mußten die Schule wechseln und verloren viele Freunde, aber vor allem ihr einst intaktes Elternhaus. Ihr Vater ist inzwischen ausgezogen und lebt mit einer anderen Frau zusammen. Ihre Mutter ist ständig überfordert und überarbeitet. Für Abwechslung, und sei es nur ein Kinobesuch, ist kein Geld vorhanden. Als seine Mutter ihm vor einiger Zeit keine neuen Turnschuhe kaufen konnte, weil das Geld fehlte, saß der Sohn einen Nachmittag lang weinend in einer Zimmerecke. Barbara kann nicht mehr mithalten, wenn die Freundinnen essen oder ins Theater gehen, es sei denn, sie wird eingeladen. Doch den Status der armen Verwandten erträgt sie nicht. Lieber bleibt sie zu Hause. Sie wird für den Rest ihres Lebens in armen Verhältnissen leben, außer sie kann sich mit den Gläubigern ihres Mannes arrangieren.

Barbara klammerte sich bis zum Schluß an das Bild der intakten Familie mit dem Mann als Oberhaupt, der für das Wohlergehen der Sippe zu sorgen hat. Sie schob ihm alle Verantwortung zu, selbst ihre eigene. Sie begab sich in die Rolle des dritten Kindes, das für nichts verantwortlich ist, sondern nur die Wünsche und Befehle des Vaters ausführt. Es war keine Partnerschaft, in der Rechte und Pflichten gleichmäßig verteilt waren. Er hatte die Macht, und sie ließ ihn gewähren – ohnmächtig.

Psychologischer Kommentar

Die Fähigkeit, unangenehme Dinge zu verdrängen, dient eigentlich dem Schutz der Persönlichkeit, ist also eine wichtige Funktion der Psyche. Schädlich wird sie dann, wenn wichtige Realitäten nicht mehr wahrgenommen werden können und auf Dauer ein Schaden für einen selbst oder dritte Personen entsteht.

Weder Angriffe noch Strafe oder Druck von außen führten in diesem Fall zu tiefgreifenden Veränderungen. Obwohl Barbara von Freunden auf ihre Situation früh genug hingewiesen wurde und ab einem bestimmten Punkt unter Druck stand, verschloß sie die Augen weiterhin und änderte ihre Haltung nicht. Erst als nichts mehr zu retten war und sie schon mit voller Fahrt ins Unglück raste, wurde sie wach.

Ihr Verhalten läßt sich vor allem durch die Tatsache erklären, daß sie in ihrer Beziehung erlebte, daß ihre kritischen Fragen, die sie nur zaghaft hervorbrachte, von ihrem Mann als Zeichen des Mißtrauens bewertet wurden. Sobald ihr Mann ihre Skepsis zur Grundsatzfrage der Beziehung machte, gab sie sofort nach und schob ihr flaues Gefühl beiseite.

Doch sie ließ sich auch ihre Kritikfähigkeit abkaufen. Die ungewohnte Aufmerksamkeit ihres Mannes, das Gefühl, ernst genommen zu werden, das Leben im Luxus waren ihr wichtiger. Und zunächst sah es ja auch so aus, als wäre der Weg, den sie gemeinsam gingen, der richtige. Sie waren erfolgreich und wurden immer erfolgreicher. Daraus zog sie ihre Befriedigung, tröstete sich über das immer größer werdende Schweigen in der Ehe mit äußerlichen Dingen hinweg. Die innere Leere füllte sie mit Statussymbolen.

In den wenigen Augenblicken, in denen sie laut zweifelte, war sie bald von ihrem Mann mundtot gemacht worden. Er, der hervorragend argumentieren konnte, auch weil er mehr Ahnung vom Geschäft, vom Geld und auch der Welt hatte, nahm ihr immer wieder den Wind aus den Segeln. »Er schwätzte mich einfach zu«, stellte sie später fest. Eine wirkliche Streitkultur zwischen ihnen gab es nicht, ebenso keine echte Partnerschaft. Die Realität kam dann wie ein Donnerschlag aus heiterem Himmel und riß sie endlich, gründlich und für immer aus ihrer Beziehungsillusion. Nur drastische Eingriffe von außen sorgten dafür, daß Barbara, die Meisterverdrängerin, die alles ertrug, alles verstand und alles mitmachte, ihr Verhalten änderte.

17 Die Ehe – Macht der Tradition

Warum lassen sich moderne Frauen heute noch auf Ehemänner ein, die sie über den Tisch ziehen, betrügen, schlagen, unterdrücken, sexuell mißbrauchen und tyrannisieren? Bislang hofften wir, daß bessere Gesetze, eine Veränderung der Gesellschaft und mehr Gleichberechtigung dafür sorgen würden, daß die Beziehungen der Menschen untereinander fairer, stabiler und gerechter würden. Doch die Entwicklung der letzten Jahrzehnte läßt den Verdacht aufkommen, daß nach wie vor das Gegenteil der Fall ist.
»Die Stabilität einer Beziehung sagt nichts über Gerechtigkeit aus«, meinen die Autoren Peter Sichrovsky und Peter Scheer in ihrem Buch *Liebe, Haß und Gleichgültigkeit* und führen weiter aus: »Wenn beide gleich sind, ist das die Erfüllung einer modernen politischen Forderung. Aber was hat das mit dem jahrtausendealten Spiel der Liebe zwischen zwei Menschen zu tun?«
Die politische Forderung nach Gleichbehandlung auch in der Ehe hat nichts an der Lust und Leidenschaft, den Erwartungen und Sehnsüchten der Menschen geändert. Die fortschrittlichen Gesetze haben nicht einmal dazu geführt, daß die Menschen längst vergangene Traditionen, vor allem patriarchalische Denkmuster, völlig über Bord geworfen haben. Im Gegenteil, sie haben sich in der Gesellschaft festgesetzt und haben vor allem die Gesetzgebung über Ehe und Familie, über Vermögen, Geld und Gut beeinflußt. Ein Blick in die Vergangenheit macht dies deutlich.

Unsere Kultur wurzelt in der indogermanischen Tradition. Dort war der Brautkauf eine übliche Sitte. Der Preis diente

als Entschädigung für die Freigabe der Braut aus ihrer Familie. Von da ab war sie Besitz ihres Mannes und seiner Sippe.
Doch nicht in allen Kulturen war der Brautkauf üblich. Die Inder, die Iraner und Nordgermanen kannten ihn ebensowenig wie die Menschen der alten vedischen Hochkultur Indiens. Dort war zumindest den höheren Kasten der Kauf von Bräuten verboten. Die Brahmanen und Kshattriya (Krieger) kannten zwar die Kaufehe, nannten sie bezeichnenderweise jedoch gleichzeitig eine »Ehe der Dämonen«. Den niederen Kasten waren gekaufte Bräute zunächst noch gestattet, doch im Laufe der Geschichte wurde auch dort dieser Brauch verpönt und schließlich auf einen symbolischen Kaufpreis reduziert.
Grundlage der heutigen indischen Rechtsprechung sind noch immer die Gesetze der altvedischen Hochzivilisation Indiens, die Gesetze Manus (von Sanskrit: »Manu« = der Mensch), die vor 10000 Jahren die Beziehungen der Geschlechter, die Ehe, die vermögensrechtlichen Belange der Eheleute, aber auch die Umstände und Bedingungen einer Scheidung regelten. Frei waren nur die Männer. Söhne zählten mehr als Töchter. Frauen waren in ihrer Handlungs- und Bewegungsfreiheit, auch wenn es um die Verfügungsgewalt über ihr Vermögen ging, völlig vom Mann abhängig. Auch hier war die Ehe patriarchalisch organisiert, der Brautvater überreichte seine Tochter dem Schwiegersohn gegen eine entsprechende Gegenleistung, die meist nur symbolischen Wert hatte und aus zwei Rindern bestand.
Die Kaufheirat der niedrigeren Kasten wurde abgelehnt, ebenso die Raubheirat oder die Heirat nach Vergewaltigung. Nach den Gesetzen Manus war eine Liebesheirat

möglich, doch wurde ihr nur ein untergeordneter Wert beigemessen. Sie galt als instabil. Frauen sollten möglichst Söhne gebären, waren der Besitz des Mannes, dem Polygamie unter bestimmten Bedingungen erlaubt war. Nach dem Tod des Mannes war der Frau nur eine Wiederverheiratung unter der Verwandtschaft des Mannes möglich.
Die Gesetze Manus hatten erheblichen Einfluß auf die gesamte orientalische Gesetzgebung, ebenso wie die Gesetze Moses' im vorderasiatisch-europäischen Bereich.
Auch in der Indien benachbarten Hochkultur im alten China findet sich ein stark ausgeprägtes patriarchales System mit einem erheblichen sozialen Druck der Familien, der Dorfgemeinschaft. Auch hier gab es für die Frauen wenig Möglichkeiten zur persönlichen Entfaltung. Zur Abhängigkeit verdammt – zuerst vom Vater, dann vom Ehemann, im Alter von den Söhnen –, gestand man ihr immerhin die Möglichkeit zu, allein ihr Vermögen zu erben.
Wesentlich in diesen beiden alten Hochkulturen war die Bedeutung des Generationenvertrages zur Versorgung der Eltern, der eine erhebliche Rolle bei allen Formen der Eheschließung und des Eherechtes spielte.
In der Antike wiederum wurden die Frauen zwar einerseits mehr geachtet als in den hinterasiatischen Kulturen, doch letztendlich sahen die Griechen in ihnen auch nur Wesen, deren Ästhetik im Vordergrund stand. Selbst Philosophen wie Platon und Sokrates erkannten der Frau keine eigenständige seelische Regung zu – kein Wunder, daß Sokrates' Frau zur sprichwörtlichen Xanthippe wurde. Den Griechinnen wurde auch nicht die Möglichkeit einer eigenen Ausbildung zugestanden. Ausgenommen davon waren die Hetären, Edelhuren, die sich an philosophischen Gesprächen

der Männer beteiligen durften. Die Lebensräume von Männern und Frauen im alten Griechenland waren häufig getrennt. Frauen waren verantwortlich für das Wohlergehen der Familie, der Sippschaft des Dorfes. Dies änderte sich im Laufe der Zeit vor allem durch die Verstädterung. So herrschten in Athen beispielsweise andere eheliche Sitten und Gepflogenheiten als im konservativen und militärisch straff organisierten Sparta.

Im alten Rom gab es lange Zeit Auseinandersetzungen zwischen den gutgestellten Patriziern und den besitzlosen Plebejern um die Form der Ehe. Während die altrömische Patrizierehe, die etruskischer Abkunft ist, als sogenannte »strenge Ehe« galt, pflegten die Plebejer die freie Ehe. In der strengen Ehe waren Frauen eine rechtlose Sache, die bei Verheiratung personell und materiell vollständig in der Familie des Mannes aufgingen und in jeder Hinsicht Beschränkungen unterlagen.

Die Plebejer dagegen pflegten die freie Ehe, die sich durch eine Trennung der Wohnräume und wenig tatsächlich gelebte Gemeinschaft der Partner auszeichnete. Das Vermögen spielte in dieser Volksschicht mangels Masse eine geringe Rolle. Nach jahrhundertelangen Auseinandersetzungen beschlossen Patrizier und Plebejer eine Übereinkunft – die Coemtio – , die den Frauen mehr Achtung und Entscheidungsfreiheit brachte, ihnen auch die Entscheidung über die Form der Ehe überließ. Dennoch blieb es beim Brautkauf und bei der Rechtlosigkeit der Frau bezüglich ihres Vermögens und der Scheidungsmodalitäten.

Bei den Griechen und bei den Römern spielte das Element der Liebe und der persönlichen Zuneigung bei der Eheschließung eine untergeordnete Rolle, außer vielleicht bei der freien Plebejerehe. Erst in späterer Zeit, mit dem Zerfall des römischen Reichs, wurden die strengen Gesetze immer weniger eingehalten, die Unterwerfung des Individuums unter den Staat aufgehoben und zum Teil willkürliche Gesetze eingeführt. So entstanden die berühmten »Zustände wie im alten Rom«.

Einen Kontrapunkt zu den Römern stellte der germanisch-keltische Kulturraum dar. Auch bei den Kelten herrschte die Sitte des Brautkaufs. Das Geld wurde als Abstraktion des Tauschwertes von Gegenständen eingeführt. Während dort zunächst auch noch matriarchalische Einflüsse bestanden – unter anderem konnte die Frau den Gatten frei wählen, und es gab Muttergottheiten und Priesterinnen –, so herrschte doch in späterer Zeit eine strenge patriarchale Gesellschaftsordnung.

Bei den Germanen beispielsweise wurde zwischen den Freien und den Schutzbedürftigen unterschieden, die durch die Sippe aufgefangen wurden. Freie gewährten Schutz, als Gegenleistung konnten sie über die Unfreien und deren Vermögen verfügen. Frauen waren unfrei und standen unter Vormundschaft, Schutz und Gewalt des Mannes oder der Familie.

Die Ehen wurden von den Familien gestiftet. Mit zunehmender Christianisierung wurde auch hier aus dem Brautkauf ein symbolischer Akt. Mit der Vermählung, bei der sich die Familien miteinander verbündeten, gingen alle Rechte der Frau auf den Mann über. Erstmals galt die Vermählung als Eheband beider Partner. Ihr Wert wurde größer. Die Brautleute waren auch sichtlich älter, geistige Reife wurde per Gesetz vorgeschrieben.

Bei den alten indogermanischen Völkern war es noch üblich, Kinder aufgrund von Entscheidungen des Sippenältesten oder Astrologen zu verheiraten.

Bei den Germanen wurde in späteren Zeiten die Ehe erst dann besiegelt, wenn den Frauen besondere Geschenke, die sogenannte Morgengabe nach der ersten ehelichen Nacht, gemacht wurden. Später konnte der Mann auch nicht mehr unbeschränkt über das Vermögen der Frau, gar über ihr Leben und ihren Lebenswandel bestimmen. Dennoch blieb er Vertreter und Beschützer der Familie sowie Verwalter des gemeinsamen Vermögens. Frauen konnten jedoch, ähnlich wie bei den Griechen die Hetären und bei den Römern die Priesterinnen, besondere Stellungen erreichen, zum Beispiel als Richterinnen.
Mit Einführung der christlichen Prinzipien errangen Frauen im frühen und Hochmittelalter teilweise beachtliche Machtstellungen. Äbtissinnen von Klöstern waren hoch geachtet. Sie verfügten über Land, Gut, Vermögen, besaßen zum Teil das Münzrecht, das heißt, sie waren berechtigt, ihre eigene Währung zu prägen. Sie konnten auch Truppen aufstellen und hatten in gesetzgebenden Versammlungen Sitz und Stimme. Diese Rechte wurden im 14. Jahrhundert wieder abgeschafft.
Um unsere heutige Situation verstehen zu können, ist eine differenzierte Betrachtung der christlich-jüdisch-mosaischen Grundsätze von Familie und Vermögen nötig. Es zeigt sich, daß die alten Grundsätze in gewisser Hinsicht noch heute wirken.
Die mosaischen Gesetze, die im 3. Buch Mose als göttliche Offenbarungen galten, entfernten sich weit von den naturrechtlichen Vorstellungen und gaben dem Volk Mose eine streng patriarchalische, familienbezogene Gesetzgebung, die wenig Spielraum für Individualität ließ.
Kernpunkt dieser Gesetze ist die unbedingte Dominanz des Mannes über Leben, Tod, Vermögen und Lebensgestaltung

der Familie. Das einzige Recht der Frau im ehelichen Raum bestand darin, die eheliche Pflicht vom Ehemann einzufordern. Ziel der Ehe war die Zeugung möglichst vieler Nachkommen. Die Verfügungsgewalt des Mannes reichte so weit, daß seine Familie sogar über den Tod hinaus der Witwe verbieten konnte, sich wieder zu verheiraten.

Das frühe Christentum benötigte eine feste Ordnung gegenüber den es umgebenden Kulturen, insbesondere gegenüber der des zerfallenden römischen Reichs. Im Christentum werden erstmals die Liebe und die Würde der beiden Partner als Kern der ehelichen Beziehung beschrieben, und im Gegensatz zur römischen Welt wird die Sinnlichkeit als unheiliges Element gebrandmarkt. Früh versuchte man im Christentum, der Ehe einen heiligen Charakter zu geben und sie damit als unauflöslich zu erklären. In der Begegnung und Auseinandersetzung mit der germanischen Welt, zumindest bis Karl dem Großen, ging die christliche Welt Kompromisse beim Scheidungsrecht und bei der Möglichkeit der Verwandtenehe ein.

Auch das christliche Eherecht orientierte sich am Mann. Im Konzil zu Trient 1563 wurden die noch heute gültigen Grundsätze für die katholische Ehe festgelegt. Strenge Normen wie eheliche Treue, die Frau als Dienerin des Mannes, Sexualität ausschließlich zur Zeugung von Nachkommen wurden eingeführt. Die individuelle Liebe als Grundlage der Ehe war nicht erwünscht und wurde zurückgedrängt. In der Liebe sah man keine Basis für eine gute Ehe. Man stellte viele Hindernisse für die Ehe, aber auch für die Scheidung auf.

Parallel zu den kirchlichen Auseinandersetzungen um die »richtige« Eheform enwickelte sich das romantische Liebesideal der Ritterzeit (siehe S. 129). Es war eine Kompen-

sation für das geringe Ausmaß ehelicher Liebe, unterlag allerdings strengen Regeln. Das Paar durfte nur aus der Ferne lieben, Sexualität war verpönt.
Den Protestantismus kann man als Reaktion auf die zunehmende Strenge der katholischen Welt auffassen. Luther betonte immer wieder, daß die Ehe ein »weltlich Ding« sei und nahm ihr ihren sakramentalen Charakter. Er rief zu Toleranz hinsichtlich der Gestaltung ehelicher Lebensweisen auf.
Insgesamt hatte das kirchliche Recht zu keiner Zeit einen wesentlichen Einfluß auf die weltliche Rechtsprechung genommen, vor allen Dingen nicht im Bereich des Vermögens-, Erb- und Scheidungsrechtes. Je mehr Eigentum, Vermögen und Geld mit einer Eheschließung verknüpft waren, desto eher setzten sich andere Rechte durch. Das verständliche Interesse der Beteiligten, ihr Hab und Gut zusammenzuhalten, bestand vor allem in bäuerlichen Kulturen.
Das Vermögen der Frau bestand nach den durchgängig im Mittelalter vorhandenen, naturrechtlich begründeten ehelichen Vermögensrechten im wesentlichen aus Kleidung und Schmuck, die als Abfindung für das väterliche Vermögen gedacht waren. Hinzu kam eine Schenkung des Mannes an die Familie bzw. Sippe der Frau, die für den Fall des Todes des Mannes für die Witwe zu sorgen hatte. Diese Schenkung bestand aus beweglichen Gegenständen, ab dem 7. Jahrhundert auch aus Land und Gut; der Mann hatte darüber nur eingeschränkte Verfügungsgewalt. Auch die Morgengabe, das Geschenk des Mannes nach vollzogener Hochzeit, verblieb im Eigentum der Frau. Über die Gegenstände des alltäglichen Gebrauchs innerhalb des Hauses hatte die Frau die sogenannte Schlüsselgewalt, ein

Begriff, der noch heute im Eherecht verwendet wird (siehe S. 123).
Aus der Schlüsselgewalt leiteten die Frauen später in den bäuerlichen Kulturen ihr Recht ab, aus dem Verkauf von Eiern, Butter, sonstigen landwirtschaftlichen Produkten und Handarbeiten ein eigenes Einkommen zu beziehen.
Generell verfügte aber der Mann bis zur Rechtsvereinheitlichung in Deutschland durch das Bürgerliche Gesetzbuch (BGB) im Jahr 1900 über das Vermögen der Frau. Nur bei der Verfügung über Land und Gut mußte die Frau grundsätzlich zustimmen. Durch die zunehmende Verstädterung im Mittelalter, die damit verbundene Gründung von Gewerbe und Handwerk bei schwindender Bedeutung von Landbesitz und wachsender Bedeutung von Geld und Kapital entstand im Laufe der Jahrhunderte eine Vielzahl von Güter- und Privatrechten.
Wesentliche Einschnitte in der Geschichte und Entwicklung in Deutschland waren das Allgemeine Preußische Landrecht (ALR) von 1794 und das Bürgerliche Gesetzbuch. Die Frau war in beiden Gesetzen, trotz der offiziell verkündeten Gleichberechtigung, untergeordnet. Und das blieb sie bis zum Inkrafttreten des Gleichberechtigungsgesetzes am 1. Januar 1958, lange nachdem das von uns als so fortschrittlich erachtete Grundgesetz in Kraft getreten war.
Gerade am Beispiel dieser Rechtsentwicklung läßt sich deutlich zeigen, wie zählebig und wirksam alte traditionelle Formen des Zusammenlebens sind. Selbst in anderen Lebensmodellen, wie dem des Sozialismus oder der Kommunarden der 68er Bewegung, konnten diese Denkmuster letztlich nicht überwunden werden. Der Autor Klaus Schmid faßt dies in einer Analyse der Rechtsentwicklung der letzten 150 Jahre zusammen: »Weder die Aufklärung

noch die sozialen und politischen Bewegungen des 19. Jahrhunderts haben eine Änderung der ehelichen Binnenstruktur bewirkt. Die Befugnisse der Frau wurden lediglich in dem Umfang erweitert, als dies zum Funktionieren der jeweiligen Gesellschaftsordnung erforderlich war... diese eheliche Tradition drückt sich am besten im Begriff Patriarchalismus und Autoritätsprinzip aus... Der Mann war daher immer die allein dominante Person in der Ehe, die über Person und Vermögen der Ehefrau disponieren konnte. Die Grundsätze wurden bei den Entstehungsarbeiten zum Bürgerlichen Gesetzbuch stets beachtet, lediglich die Frauenbewegung, Sozialdemokratie und Reichspartei kämpften, wenn auch vergeblich, um die Normierung dieser Prinzipien im BGB. Es dauerte aber noch sehr lange – bis 1958 –, bis im ehelichen Güterrecht die Herrschaft des Mannes beseitigt und durch die Einführung der Zugewinngemeinschaft dem naturrechtlichen Gleichheitsgrundsatz endlich Rechnung getragen wurde.«

»Das Glück der Ehe liegt in ihrer Bedeutung, nicht in ihrer Realität«, dieser Einsicht aus Marie-Odile Métrals Buch *Die Ehe* kann sich niemand verschließen, der einen Blick in die Vergangenheit gewagt hat, sich aber auch mit der Gegenwart auseinandersetzt. Die Ehe impliziert Gemeinsamkeit, Einheit, aber nicht Gleichheit, und das auch heute, wenn die Frauen sich weiterhin in die alten Abhängigkeiten begeben. Eine Frau, die die Rechte, die ihr per Gesetz zustehen, nicht endlich wahrnimmt, ihr Leben nicht selbst in die Hand nimmt, bleibt wie vor Jahrhunderten eine Frau, »die ihr Leben vom Manne hat (aus der Rippe Adams), [sie] lebt nur durch den Mann. Er liebt sie, sie unterwirft sich; er ist Kopf, sie ist Körper.« (Métral) Für sie ändert sich dann nichts.

Wo kein Opfer, da kein Täter. Doch solange Frauen wie Waltraud, deren Geschichte das letzte Beispiel in diesem Buch ist, hoffen, sich »an den Zustand zu gewöhnen«, und darauf warten, daß ihr Mann sich ändert, werden sie nie aus ihrer Situation herauskommen. Die Frauen müssen ihr Schicksal selbst in die Hand nehmen, sie müssen Eigenverantwortung zeigen und nein sagen. Sie müssen unter Beweis stellen, daß sie im wahrsten Sinne des Wortes zu-rechnungsfähig sind, also weiter als bis drei zählen können.

18 Waltraud oder Nicht zu-rechnungsfähig

Am größten ist ihre Angst vor der Armut. Die Vorstellung, alleine leben zu müssen, versetzt sie in Panik. Dann, da ist sie sicher, wird sie total verarmen, wird von der Sozialhilfe leben müssen. Sie sucht verzweifelt nach Argumenten, die dafür sprechen, ihre verkorkste Ehe aufrechtzuerhalten. Ihr Mann hat immer damit gedroht, daß er sofort aufhören wird zu arbeiten, um als Clochard unter der Brücke zu leben, wenn sie sich von ihm trennt. »Du wirst schon sehen, wo du landest«, hat er ihr gedroht. Dann war sie still und machte weiter, obwohl die Last, die sie zu tragen hatte, von Tag zu Tag schwerer wurde.

Gewarnt war sie früh genug. Noch vor der Heirat beichtete der drei Jahre ältere Mann ihr nicht nur ein Kind aus einer früheren Verbindung, sondern auch die Ankunft eines zweiten Kindes, das während eines Seitensprungs mit ihrer besten Freundin gezeugt worden war. Spätestens da hätten alle Alarmglocken in ihrem Kopf läuten müssen, doch sie hatte sie abgestellt. Seine Beteuerungen, dies werde nie wieder vorkommen, überzeugten sie ebenso wie die Tatsache, daß er der ersten Frau den Laufpaß gab, um statt dessen sie, die inzwischen auch schwanger war, zu ehelichen. Sie verzieh ihm – nicht zum letztenmal.

Inzwischen sind fast drei Jahrzehnte des Verzeihens, des Verstehens und der Versuche, ihn zu ändern, vorübergegangen. Waltraud hat vier Kinder geboren, hat Zeit ihres Leben geschuftet, gespart und verzichtet. Nun hat sie genug, will das ändern und sucht Hilfe in einer psychologischen Praxis. Sie will nicht ihren Mann verlassen, das macht

sie sofort klar. Der Therapeut soll etwas versuchen, was ihr in fast dreißig Jahren nicht gelungen ist. Er soll ihren Mann ändern und dafür sorgen, daß der Streit ums Geld zwischen ihr und ihm endlich aufhört. Vom Therapeuten erhofft sie sich, daß er ihren Mann dazu bringt, vernünftig mit dem Familiengeld zu haushalten, es nicht in Kneipen und Spielsalons zu schleppen, nicht Geschenke für alle möglichen Leute zu kaufen, es nicht für unnütze Dinge hinauszuwerfen. Und zum guten Schluß soll der Fachmann sie heilen von ihren Verdauungsstörungen, Kreislaufproblemen und Schlafstörungen, vor allem aber von den schrecklichen Migräneanfällen, die sie seit Jahren quälen.
Ihre Krankheiten, ihr Jammern über ihre Geldprobleme, ihre Angst vor der drohenden Armut und das ständige Gezänk zwischen ihr und dem Mann haben inzwischen bei zwei der Töchter zu »kindlichen Depressionen« und »Leistungsstörungen in der Schule« geführt. Und nun, nach fast 30 Jahren Ehe, droht ihr Mann sogar, sie zu verlassen.
Besser wäre gewesen, sie hätte ihn nie geheiratet. Dieser Ansicht waren jedenfalls ihre Eltern, nachdem sie erfahren hatten, auf wieviel »Hochzeiten« er bereits getanzt hatte. Ihr verständlicher Widerstand gegen den »fleißigen« Erzeuger war so groß, daß die Tochter dem Mann nach dem Motto »Jetzt erst recht« ihr Jawort gab.
In den ersten Jahren lief der Alltag ungestört. Der Mann verdiente als Hüttenarbeiter im Schichtdienst mal mehr, mal weniger, aber immer so viel, daß das Konto nicht im Minus stand. Doch auch wenn sie zu Beginn der Ehe noch stolz darauf war, daß ihr Mann seinen Unterhaltsverpflichtungen nachkam, so änderte sich das in dem Maße, wie die Familie sich vergrößerte. Mit vier Kindern über die Runden zu kommen war nicht einfach, zumal ihr Mann sich inzwi-

schen ein reichliches Taschengeld zwischen 300 und 800 Mark im Monat gewährte bei einem durchschnittlichen Bruttoeinkommen von 3000 Mark. Sie schimpfte und zeterte immer lauter, verfluchte die nichtehelichen Kinder und forderte ihn auf, mehr Geld zu verdienen. Er verstand den ganzen Ärger nicht und fuhr fort, Schulden zu machen. Nachdem sie sah, daß das Konto immer weiter absackte, suchte sie sich eine Arbeit. Schließlich mußte auch noch eine Lebensversicherung gekündigt werden, um das Konto auszugleichen, doch das alles half nur kurzfristig. Wenig später waren sie wieder in den Miesen. Bald schon kamen neue Kredite hinzu, die Schuldenspirale begann sich erneut zu drehen. Hilfe konnte sie weder von den Schwiegereltern noch von ihren Eltern erwarten. Als die starben, erbte sie ein Viertel von deren Haus. Statt das Geld auf die Seite zu legen, steckte sie es in das Haus der Schwiegereltern, die um- und ausbauten. Doch wenn sie gehofft hatte, ihre Großzügigkeit werde belohnt, hatte sie sich getäuscht. Das Geld floß in ein Haus, das ihr nicht gehörte, sie wurde weder ins Grundbuch als Miteigentümerin eingetragen, noch wurde schriftlich festgelegt, daß und wieviel Geld sie ihren Schwiegereltern in die Hand gedrückt hatte. Dafür kassierte der Schwiegervater pünktlich die Miete bei ihr, und die jährliche Nebenkostenaufstellung wurde noch zu ihrem Nachteil abgerechnet. Von ihrem Mann konnte sie keine Hilfe erwarten, wie sie jetzt weiß: »Er akzeptierte alles, was sein Vater sagte, ohne ihn je zu hinterfragen.« Irgendwann nahm sie eine Putzstelle an und zahlte das so verdiente Geld auf ein eigenes Sparkonto ein. Nun hing monatelang der Haussegen schief. Ihr Mann verlangte, daß sie mit dem gesparten Geld Schulden bezahlen solle, doch das lehnte sie ab. Dafür revanchierte er sich. Als ihnen kurz danach mehrere tausend Mark von einem fälligen Sparvertrag ausgezahlt wurden, nahm er kurzerhand das komplette Geld und fuhr mit dem ältesten Sohn nach Amerika. Seine Erklärung für sein Verhalten war simpel: »Ich kann nicht anders.« Für die Sorgen und Ängste seiner Frau hatte er nicht das geringste Verständnis. »Uns geht es doch nicht schlecht, wir sind doch nicht sozialhilfebedürftig«, erklärte er regelmäßig, um dann die nächsten Schulden zu machen. Erst als die Bank ihren Dispositionskredit sperrte, änderte sich sein Verhalten ein wenig.

Ihre unterschiedliche Art, mit Geld umzugehen, sorgte für ständige Mißstimmung in der Familie. Schon die kleinsten Bemerkungen von ihr führten zum großen Knatsch. Den Dauerkrach ertrug sie immer weniger. Doch statt endlich eindeutige Grenzen zu ziehen und klare Vereinbarungen mit ihrem Mann zu treffen, flüchtete sie in Krankheiten. Waltraud ist inzwischen über 25 Jahre verheiratet. Geändert hat sich in dieser Zeit nichts – auch durch ihr eigenes Zutun.

Psychologischer Kommentar

Die Lebenssituation von Waltraud ist – auch wenn Außenstehende es anders sehen – nicht ausschließlich schrecklich. Waltraud hat klare Vorteile durch die Situation, in der sie lebt. Sie braucht nicht selbständig zu sein, sich nicht ihren Ängsten vor dem Alleinsein auszusetzen und auch nicht denen vor Verarmung. Ihr Durchhaltevermögen wird belohnt. »Ich gelte als gute Mutter und Hausfrau, sparsame Wirtschafterin und werde von allen anerkannt.« Die ehelichen und familiären Rituale sind festgefahren, das heißt, sie sind vertraut und gewohnt, sie muß sich nicht an andere Lebensformen gewöhnen und hofft, wie viele Frauen, langfristig auf eine Besserung ihrer Situation, auch wenn es dafür keine konkreten Anhaltspunkte gibt. Was in den Augen Dritter unerträgliche Zustände sind, bringt denen, die sie geschaffen haben, durchaus Vorteile. Das Leben von Waltraud ist eine Mischung aus Quälerei und Vorteilen. Deshalb will sie ihre Situation eigentlich nicht ändern. Sie will lernen, sich besser anzupassen.

Ihr Problem ist nur, daß jetzt plötzlich ihr Mann nicht mehr mitmachen will. Ihm geht das ewige Nörgeln seiner Frau auf die Nerven. Deshalb droht er nun, die Familie zu verlassen.

Zwischen Waltraud und ihrem Mann tobt seit Jahrzehnten der Ehekrieg um Geld und Macht. Emotional ist die Beziehung ausgehöhlt und leergelaufen. Sie besteht nur noch aus den immer gleichen Abläufen, aus Ritualen ohne Inhalt. Der moralische Druck, ausgeübt von der Umgebung, wirkt offenbar besonders stark.

Waltraud hat nie alleine gelebt und deshalb vor nichts soviel Panik wie vor dieser Situation. Die macht ihr eine solche Angst, daß sie es nicht einmal wagt, darüber nachzudenken. Im übrigen hält sie es für einen großen Vorteil, eine verheiratete Frau zu sein. Ledige Frauen, davon ist sie überzeugt, sind zur Armut verdammt. Angesichts der Tatsache, daß die heute 47jährige Ehefrau zeit ihres Ehelebens am Rande des Existenzminimums leben muß, ist die Panik vor der angeblichen Armut besonders absurd.

Vor kurzem fing sie damit an, sich von ihrem ersparten Geld ab und zu eine Kleinigkeit zu gönnen. Doch das ist immer verbunden mit einem schrecklich schlechten Gewissen und dem Gefühl, den Kindern etwas wegzunehmen. Nicht mal eine Kleinigkeit von ihrem selbst erarbeiteten Geld kann sich Waltraud mit Genuß gönnen. Doch aktiv ändern wird sie vorläufig nichts. »Vielleicht hilft mir ja die Therapie, mich an den Zustand zu gewöhnen, und vielleicht ist mein Mann ja doch irgendwann bereit mitzuwirken.«

»Die Menschen müssen lernen, sich selbst zu erkennen, müssen sich klarmachen, daß falsches Verhalten, zum Beispiel mißverstandene Loyalität oder auch blinder Gehorsam sie in den Abgrund führt – auch in den finanziellen.« Hans-Wilhelm Becker weiß, wovon er spricht. Seit 13 Jahren arbeitet er als Diplom-Psychologe in Lebach / Saar. Einer seiner Arbeitsschwerpunkte ist psychologische Schuldenberatung. Vor seiner Ausbildung als Psychologe war Hans-Wilhelm Becker Bankkaufmann. Der Fachmann geht davon aus, daß eine Beratung, die sich ausschließlich mit der Beseitigung der wirtschaftlichen Probleme beschäftigt, langfristig nicht zum Erfolg führt.

Gisela Erle, Frauenbeauftragte der Sozialverwaltung Frankfurt am Main, wurde sieben Jahre als Schuldenberaterin beim Sozialamt mit den finanziellen Nöten ihrer Mitmenschen konfrontiert. Die ausgebildete Sozialarbeiterin beriet zusammen mit zwei männlichen Kollegen täglich rund 30 Menschen, die Hilfe suchten, weil ihnen die Schulden über den Kopf gewachsen waren. Manche Menschen betreute Gisela Erle jahrelang, andere benötigten nur eine Kurzberatung. Die meisten Fälle konnten erfolgreich abgeschlossen werden. Einem Fünftel der Menschen aber konnte die Schuldenberaterin nicht helfen. Deren finanzielle Lage verschlimmerte sich, oft durch äußere Umstände wie Arbeitslosigkeit, Krankheit oder Scheidung. Einige Frauen, so die Beobachtung der Ex-Beraterin, machten den gleichen Fehler wieder: »Sie unterschreiben jeden Scheck.«

19 »Sie unterschreiben jeden Scheck« Interview mit einer Schuldenberaterin und ihrem Kollegen

In welcher Situation wenden sich Menschen an eine Schuldenberatung?

Erle: Wenn der Gerichtsvollzieher zum erstenmal klingelt und sie so hoch verschuldet sind, daß sie nicht mehr aus noch ein wissen. Einige werden auch von den Sozialamtskolleginnen oder Mitarbeiterinnen anderer Ämter zu uns geschickt. Nur wenige kommen, bevor nichts oder fast nichts mehr zu regeln ist.

Sind alle, die Hilfe von Ihnen erwarten, Sozialhilfeempfänger?

Erle: Überhaupt nicht. Vor meinem Schreibtisch saß der Immobilienmakler und die gescheiterte Geschäftsfrau ebenso wie die Sozialhilfeempfängerin, die mit 40000 Mark bei einem Versandhaus in der Kreide stand.

Wie hoch ist der Anteil der Frauen unter den Hilfesuchenden, und wann wenden sie sich an Sie?

Erle: Etwa 50 Prozent Frauen kommen, um sich beraten zu lassen. Meist kommen sie in Trennungsphasen, dann, wenn sich herausstellt, daß der Ehemann Schulden gemacht hat oder – was leider häufiger vorkommt – wenn er sie mit den Kindern auf den Schulden sitzengelassen hat.

Haben Frauen nicht große Probleme, Ihnen, quasi einer Amtsperson, ihre finanzielle Notlage zu offenbaren?

Erle: Ich habe die Erfahrung gemacht, daß sich Frauen viel eher helfen lassen als Männer, ja daß sie manchmal sogar die treibende Kraft in der Familie sind und ihre Männer zwingen, zur Beratung mitzukommen. Ich habe außerdem die Beobachtung gemacht, daß sich im Laufe der letzten Jahre die Einstellung zum Schuldenmachen sehr geändert hat. Schulden zu haben ist kein Manko. Jeder 20. Haushalt ist inzwischen total verschuldet. Also gehen auch die Frauen emotionsloser damit um.

Müssen Ehefrauen grundsätzlich für Schulden ihrer Ehemänner haften?

Erle: Schulden, die der Ehemann gemacht hat, sind nicht in jedem Fall die Angelegenheit der Ehefrau – was diese oft erst erfahren, wenn sie zur Schuldenberatung kommen. Sie haften nur dann, wenn sie zum Beispiel einen Kreditvertrag oder eine Bürgschaftserklärung für ihren Mann unterschrieben oder wenn sie gemeinsam ein Unternehmen gegründet haben. Ansonsten gilt Gütertrennung, auch wenn sie nicht ausdrücklich vereinbart wurde.

Ist die Zahl der Frauen, die Schulden machen, um persönliche Bedürfnisse zu befriedigen, gestiegen?

Erle: Auch im finanziellen Bereich emanzipieren sich die Frauen langsam, was ich persönlich grundsätzlich begrüße. Sie nehmen inzwischen einfach mehr am Geldverkehr teil. Das bedeutet auch, daß sie aktiv Schulden machen.

Wenn Frauen jedoch Schulden machen, dann oft nicht, um ihre persönlichen Bedürfnisse zu befriedigen. Meistens geben sie das Geld für ihre Kinder und Ehemänner oder für den Haushalt aus. Sie kaufen die Waschmaschine, der Ehemann dagegen kauft die Stereoanlage. Sie kauft das praktische Familienauto, in dem man Kinder, Hund und Einkäufe verstauen kann, er leistet sich den sportlichen Flitzer.
Dann gibt es Frauen, die ins finanzielle Aus geraten sind, weil sie versucht haben, sich selbständig zu machen, und gescheitert sind. In die Pleite getrieben hat sie häufig die Eröffnung von kleinen Lädchen, die ich als typisch weiblich bezeichnen würde und deren Produkte kurze Zeit im Trend lagen und genauso schnell wieder out waren. Dazu gehört das Wollädchen. Es gab eine kurze Phase, als man das Stricken wieder entdeckte, und plötzlich wurden an jeder Ecke Wolläden eröffnet. Doch bald verloren die Frauen die Lust am Selbstgestrickten, und die Ladeninhaberinnen, die ausschließlich auf diesen Trend gesetzt und ihr Angebot nicht erweitert hatten, mußten schließen. Auch Boutiquen, nicht selten das Second-hand-Lädchen, werden gerne von Frauen eröffnet, ebenso Kneipen oder Cafés. Damit sind viele Frauen, die sich häufig dazu von einem Partner überreden ließen, in die Pleite geraten.
Die dritte Gruppe der Schuldenmacherinnen sind jene Frauen, die sich mit dem Kauf oder Bau des Eigenheims mitverschuldeten.
Männer wiederum machen ihre finanziellen Bauchlandungen eher mit Immobiliengeschäften und der Gründung von Handwerksbetrieben und Fuhrunternehmen. Aber bevor sie Schulden für Weib und Kind machen, werfen sie das Geld lieber für ihren privaten Luxus hinaus: Autos und elektronische Geräte, teure Hobbys.

Wie hoch verschuldet sind die Frauen, die zu Ihnen kommen?

Erle: Vor mir saßen Frauen, die hatten knapp 3000 Mark Schulden. Ich kenne aber auch welche, die sind mit mehr als 100 000 Mark in den roten Zahlen. Dabei kann es durchaus sein, daß die mit 3000 Mark größere Probleme hat, das Geld zurückzuzahlen, weil sie zum Beispiel von der Sozialhilfe lebt, als jene, die mit 100 000 Mark in der Kreide steht, aber einen guten Job hat. Wer nicht mehr als 50 Mark im Monat zurückzahlen kann, der zahlt ziemlich lange an 3000 Mark ab, die ja auch noch verzinst werden.
Im Schnitt haben die Frauen so um die 20 000 Mark Schulden. Ich habe allerdings in sieben Jahren nur zwei Frauen erlebt, die das Geld für ihren persönlichen Bedarf ausgegeben hatten. Die eine stand bei einem Versandhaus mit 40 000 in der Kreide. Sie hatte gleichzeitig ein schweres Suchtproblem, was einer der Gründe für das finanzielle Desaster war. Die andere hatte 30 000 Mark »Luxusschulden« bei der Bank. Die bekam regelmäßig Anfälle von Kaufsucht, wenn der Ehemann wieder mal trank oder Geld verspielt hatte. Der Kleiderkauf war eine Art Trost für sie.

Benutzen Ehemänner ihre Frauen, um an Geld zu kommen?

Erle: Ja. Mehr als die Hälfte der Frauen, die zu uns kommen, wurden von ihren Männern benutzt, um deren Konsumbedürfnisse zu befriedigen. Ein schlimmer Fall aus jüngster Zeit fällt mir da ein. Er ist auch deshalb so übel, weil es sich nicht um die Ehefrau, sondern um die Tochter handelt, die im Alter von 18 Jahren von ihrem Vater als Geschäftsführerin eines Restaurants eingesetzt und dann mit 90 000 Mark Schulden sitzengelassen wurde. Das Schlimme war, daß sie jahrelang zusammen mit ihrem Ehemann versucht hat, diese Summe abzubezahlen, anstatt zum Anwalt zu gehen. Der hätte damals die Möglichkeit gehabt, die Forderungen wegen mangelnder Geschäftsfähigkeit und Abhängigkeit der jungen Frau von ihrem Vater abzuwehren. Zu mir kam sie erst nach zehn Jahren, da war nur noch wenig auf dem Kulanzweg zu erreichen.

Sie sagten zu Beginn des Gesprächs, Frauen hätten keine Schwierigkeiten, ihre Schulden zu offenbaren, doch der eben geschilderte Fall, daß sich jemand erst nach zehn Jahren traut, zu einer Beratung zu kommen, zeigt doch eher das Gegenteil. Was stimmt nun?

Erle: Frauen haben zwar weniger Schwierigkeiten, Hilfe in Anspruch zu nehmen, aber sie kommen trotzdem leider oft zu spät. Das liegt nicht daran, daß sie sich schämen, sondern daß sie völlig rechtsunkundig sind. Sie reagieren nicht auf gerichtliche Mahnbescheide, weil sie nicht wissen, was die bedeuten, lassen sich außerdem oft (erneut) von Männern einwickeln. Das heißt, wenn einer von einem Inkassodienst oder einer Bank Vorschläge macht, wie sie die Schulden verringern können, gehen sie, ohne lange zu fragen, darauf ein und unterschreiben wieder blindlings alles, was ihnen hingelegt wird. Sie reagieren außerdem schnell auf Druck und zahlen lieber, statt sich zur Wehr zu setzen, und wenn es nur kleine Raten sind, mit denen sie die Schulden abzustottern versuchen. Manche Frauen haben so eine Männer(ehr)-furcht. Für sie haben Männer nach wie vor eine Art Leitungsfunktion, die sie auch nicht hinterfragen. Das ist es auch, was sie gelernt haben, was die Eltern ihnen täglich vorgelebt haben. Die Mutter, die sich unterordnet, und der Vater, der alles macht, alles kann und sich um alles kümmert.

Mit welcher Erwartung kommen die Frauen zu Ihnen?

Erle: Mit der völlig falschen Erwartung, daß das Sozialamt ihnen Kredite für eine Umschuldung gewährt. Diese Erwartung haben allerdings nicht nur die Frauen, sondern auch die Männer. Die Frauen hoffen auch, daß sie mit Hilfe der Schuldenberatung aus einer Bürgschaft rauskommen und daß wir den Partner oder Ehemann, der der Nutznießer der Kredite war, dazu bringen, daß er die Schuldtilgung übernimmt. Das geschieht nur leider sehr selten. Wichtig ist, daß oft bei Scheidungen nicht daran gedacht wurde, auch von Anwälten nicht, Vereinbarungen über die Schuldtilgungen abzuschließen. Oft bekommen die Frauen dann weder Unterhalt, noch sind sie aus den Verpflichtungen raus. Häufig ist es deshalb günstiger für die Frauen, wenn sie die Verpflichtungen nicht übernehmen und statt dessen auf den Unterhalt für sich verzichten.

Können sich die Banken darauf verlassen, daß Frauen die Schulden ihrer Ehemänner brav zurückzahlen?

Erle: In der Tat – zumindest bis jetzt. Frauen zahlen besser zurück. Sie haben eher so etwas wie ein Schuldbewußtsein. Schulden haben für die meisten fast einen kriminellen Touch, wenn sie nicht über den Tisch gezogen wurden. Aber auch dann fühlen sich viele moralisch verpflichtet. Das wissen die Banken, und deshalb sind auch viele nicht an einer Vergleichslösung interessiert. Vor allem wenn es sich um junge Frauen handelt, zeigen die Kreditinstitute wenig Entgegenkommen. Sie wissen nur zu genau, daß die Frauen noch ein langes Arbeitsleben vor sich haben, man also noch viel herausholen kann.

Becker: Das ist auch meine Beobachtung. Frauen versuchen, die Schulden auch dann zu zahlen, wenn sie wissen, daß es nicht geht. Die Schulden haben ja oft ein solches Ausmaß, daß die Frauen mit ihrem Einkommen überhaupt nicht in der Lage sind, auch nur einen geringen Teil davon tilgen zu können. Aber viele denken: Ich muß das bezahlen, ich regele das. Das ist wie eine psychologische Fixierung, und die Banken sind dann so unverschämt, die Zahlungen anzunehmen, obwohl sie wissen, daß die Rückzahlung oft nicht mehr als ein Tropfen auf den heißen Stein ist. Da muß man auch mal ganz harte Kritik an den Banken üben.

Können Frauen nicht mit Geld umgehen?

Erle: Sie können nicht mit viel Geld umgehen, können Geld nicht arbeiten lassen. Die Vorstellung, langfristig zu planen, ist vielen Frauen – natürlich nicht allen – weniger gegeben. Geld wird als »Materie« empfunden. Es muß sichtbar und schnell verfügbar sein.
Ich würde es sehr begrüßen, wenn sich mehr Frauen mit Geld und Banken beschäftigen würden, glaube aber auch, eine Änderung zu sehen, und zwar bei der nächsten Generation. Die ganz jungen Frauen sind nicht nur selbständiger, sondern auch egoistischer im besten Sinne. Sie sind nicht mehr so ohne weiteres bereit, einem Mann aus Liebe einen für sie riskanten »Gefallen« zu tun. Außerdem sind sie besser informiert. Man(n) kann sie nicht so einfach über den Tisch ziehen.

Becker. Das sind leider immer noch die wenigsten. Die meisten Frauen – das ist auch meine Erfahrung – haben aufgrund ihrer Erziehung kein fundiertes Wissen über Finanzgeschäfte. Sie wissen nicht, was eine Bürgschaft, was eine Darlehensverpflichtung ist. Dann wird ihnen von ihrem Mann gesagt: »Ich will ein Geschäft eröffnen, aber die Bank braucht auch deine Unterschrift.« Und dann unterschreiben die Frauen. Sie lesen weder den Bürgschaftsvertrag noch den Kreditvertrag durch. Für die Frauen ist im Grunde genommen nur wichtig: Da ist eine Beziehung, und ich beweise meine Liebe zu dem Partner dadurch, daß ich mit ihm gemeinsam etwas mache. Wenn die Frau also sagt: »Ich unterschreibe das nicht«, oder: »Ich will den Vertrag lesen«, ist das eigentlich eine Mißtrauensäußerung gegenüber den Überlegungen, den Plänen, die der Mann vorher gemacht hat.

Wie können Sie verschuldeten Frauen helfen?

Erle: Das ist individuell verschieden. Bei den meisten muß man zunächst dafür sorgen, daß ihnen nicht das Einkommen weggepfändet wird. Dann müssen wir gegebenenfalls versuchen, die Schulden zwischen den Partnern aufzuteilen. Wir versuchen auch, Gläubiger zu einem (teilweisen) Verzicht ihrer Ansprüche zu bewegen. Oft erreichen wir eine Umschuldung, können langfristige Abzahlungsverträge mit geringeren Zinsen abschließen.
Unsere Hilfe kann auch darin bestehen, daß wir die Selbstverantwortung der einzelnen wecken und unterstützen. Wir entwickeln gemeinsam Haushaltspläne, damit das schmale Budget reicht. Manchmal lösen wir sogar Partnerkonflikte, und ich versuche auch die Kritikfähigkeit der Frauen gegenüber den Männern zu stärken.

Becker: Ich lasse eine Liste mit Forderungen und Verpflichtungen aufstellen und rechne die mit den Frauen durch. Bei einem Schuldenberg von 200 000 DM beispielsweise müßte sie monatlich 2000 DM zurückzahlen. Das ist oft nicht möglich. Wenn sie dann akzeptiert, daß dieser Weg nicht gangbar ist, kommt zuerst eine Phase der Resignation, dann schließlich eine Phase der Akzeptanz. Wir sprechen dann mit den Gläubigern und versuchen eine Regelung zu finden. Manchmal sind Schuldenerlasse von bis zu 80 Prozent möglich.

Warum sind Frauen Ihrer Meinung nach so naiv und unterschreiben jeden Vertrag?

Erle: Sie sind nicht ausschließlich naiv, sondern sie haben bestimmte Vorstellungen von Loyalität. Häufig aber, und es wäre falsch, dies zu verschweigen, sind sie ja auch Nutznießerinnen des geliehenen Geldes. In die Edelkarosse setzen sie sich schließlich auch ganz gerne, und die Ferienreise auf Pump schlagen sie auch nicht aus. Auch die Hoffnung, daß die vom Ehemann neueröffnete Praxis, der neugegründete Betrieb, der Laden oder die Gaststätte irgendwann auch ihren Geldbeutel füllt, motiviert manche Frau enorm. Und zum guten Schluß gibt es dann noch die Frauen, die mit ihrer Unterschrift die Männer binden wollen, nicht nur Ehefrauen ihre Ehemänner.
Ich hatte in meiner siebenjährigen Arbeit als Schuldenberaterin drei Fälle von Heiratsschwindel. In einem Fall hatte der sehr viel jüngere Lover der Endvierzigerin nicht nur die komplette Alterssicherung abgebucht, sondern sich noch kräftig vom gemeinsamen Girokonto bedient. Als es nichts mehr zu holen gab, verschwand der Jüngling und

ließ eine Frau zurück, die nicht nur in die totale Einsamkeit fiel, sondern auch noch völlig verarmt war. Im zweiten Fall blieb die Frau – sie war ebenfalls Ende Vierzig – auf einer 50000-Mark-Bürgschaft sitzen. Der übelste Fall aber war der einer Frührentnerin, die für ihren »Tröster« einen Kredit von 20000 Mark aufgenommen und dem mündlichen Versprechen geglaubt hatte, er zahle alles zurück. Kaum hatte der Galan das Geld in den Fingern, war er verschwunden.

Ist dies vielleicht eine Frage der Bildung?

Becker: Definitiv nein. Die Frauen, die bei mir Hilfe suchten, hatten alle eine solide Ausbildung. Krankenschwestern, Sekretärinnen, manche hatten sogar eine bessere Berufsausbildung als ihre Männer. Es ist einfach das Bedürfnis: »Ich beweise ihm mit meiner Unterschrift, was er mir bedeutet.« Sie wollen damit den Fortbestand der Beziehung quasi dokumentieren. Denn die Verpflichtung, die beide eingehen, dauert jahrelang.

Was raten Sie einer Frau, die von ihrem Mann und der Bank um ihre Unterschrift als Bürgin gebeten wird?

Becker: Sie sollte über die einfachsten Bankgeschäfte Bescheid wissen. Sie muß wissen, was eine Bürgschaft ist, sei sie selbstschuldnerisch oder teilschuldnerisch.
Wenn ein Paar Verbindlichkeiten eingehen muß, sollte es versuchen, ein Darlehen ohne selbstschuldnerische Bürgschaft des Ehepartners zu bekommen. Es wird zwar immer behauptet, daß die Bank das nicht akzeptiert, aber wenn die eine nicht will, dann geht man eben zu einer anderen Bank. Wenn ein Ehepaar heute ein Haus kauft, ist dieses

Haus als »dingliche Sicherheit« doch vorhanden. Eine zusätzliche Bürgschaft ist nur dann sinnvoll, wenn das Haus auf beide Eheleute eingetragen ist. Wenn der Ehemann eine Firma hat, so ist das ebenfalls eine »dingliche Sicherheit«, auch da muß die Frau nicht als Bürge unterschreiben. Man muß über diese Dinge einfach hart verhandeln.

Erle: Dem kann ich nur zustimmen. Mit dem entsprechenden Wissen ausgestattet, läßt es sich sehr viel selbstbewußter auftreten. Es gibt jedenfalls nicht den geringsten Grund, sich Bankangestellten gegenüber devot zu verhalten. Kreditnehmerinnen sind schließlich keine Almosenempfängerinnen.

Werden Frauen eher rückfällig als Männer?

Erle: Frauen machen hin und wieder die gleichen Fehler. Sie haben sich – trotz übler Erfahrungen – vom nächsten Mann prompt überreden lassen, ihre Unterschrift wieder dahin zu setzen, wo sie besser nicht stehen sollte. Einige kamen auch erst zu uns, nachdem sie schon einige dieser Erfahrungen gemacht hatten. Frauen aus dem islamischen Kulturkreis machen oft unter großem moralischen Druck Schulden für die Familie, sei es für Haushaltsgegenstände, sei es für eine Hochzeit. All das beobachte ich bei Männern nicht.

Nachwort

Geld macht glücklich. Das zumindest glauben die meisten, auch wenn es üblich wurde, das Hohelied der Bescheidenheit und des sozialen Ausgleichs zu singen. Dies aber geschah nie ohne den Seitenblick auf reiche Zeitgenossen. Reichtum bedeutet Wohlstand, Macht und Sicherheit, und wer möchte dies nicht ernsthaft erreichen? Auf der Skala der menschlichen Bedürfnisse rangieren die genannten Qualitäten jedenfalls ganz oben. Mit einem positiven Kontostand, dem abbezahlten Haus, nebst einigen Grundstücken oder Aktien, läßt es sich gut schlafen – denken die meisten jedenfalls.

Geld macht nicht glücklich. Wie wahr diese Feststellung ist, haben zu viele erlebt. Sie haben festgestellt, daß es weder vor Angst und Depressionen schützt, noch vor lebensbedrohlichen Krankheiten, daß es keine Ehe kitten kann, aber schon viele zerstört hat. Und wo Geld ist, ist der finanzielle Ruin oft auch nicht weit.

Alle Welt beklagt den Verlust innerer Werte, viele suchen ein bewußtes Gegengewicht zu unserer Lebensweise. Das starke Aufkommen religiöser Sekten und anderer Heilsbringer ist ein Ausfluß dieser »sinnlosen« Lebensweise. Und Fragen wie: Stimmt unsere Lebenszielrichtung noch, oder ist das Rennen um immer mehr Technik, Komfort und Besitz, bei dem immer mehr Menschen, aber auch die Natur als Lebensgrundlage auf der Strecke bleiben, nicht längst lebensbedrohlich geworden?

Kriege, Armut und Naturkatastrophen, die inzwischen täglich per Bildschirm in unsere Wohnzimmer flimmern, zeigen doch, daß wir längst auf den Abgrund zurasen. Das

Rennen um Macht und Mark hat uns auf diesen Weg gebracht.

Bis zu Beginn unseres Jahrhunderts war Geld noch an einen verbindlich festgelegten Goldstandard gebunden. Jeder konnte seine Geldscheine bei den Banken in die entsprechende Menge Gold oder Goldstaub umtauschen. Dies diente ursprünglich der Wertsicherung des Papiergeldes. Die internationalen Bankiers aber wollten freien und ungehinderten Geldverkehr und Profit, unabhängig von materiellen Beschränkungen. So sorgten sie dafür, daß zu Beginn des Jahrhunderts die Wertbindung des Papiergeldes an den Goldstandard und die damit verbundene direkte Umtauschpflicht am Bankschalter abgeschafft wurden. In der Folge wurde aus expansiven Konsum- und damit auch Profitbedürfnissen heraus mehr Papiergeld (Scheingeld) gedruckt, als durch die Goldreserven der Staaten gedeckt werden konnte und kann.

Wir leben also in einer Welt des Scheingeldes mit hypothetischem Wert, der weit über die abgesicherten Verhältnisse hinausgeht. Mit anderen Worten, das Geld ist letztlich das Papier nicht wert, auf dem es gedruckt wird. Wir leben in einer gigantischen Selbsttäuschung, ein Kollaps des gesamten Währungssystems ist vorprogrammiert.

Wir alle brauchen eine neue Orientierung im Umgang mit unserer Währung. Wir müssen uns frei machen von der Abhängigkeit vom Geld, müssen es als das sehen, was es ist: Mittel zum Zweck und nicht mehr, jedenfalls kein Wert an sich, allenfalls eine durch soziale Übereinkunft bestimmte Wertschätzungsmöglichkeit für Waren und Dienstleistungen. Nur so verliert Geld seinen übertragenen Wert, den es im Bewußtsein vieler Menschen heute noch besitzt.

Die nicht meßbaren Werte, die gefühlten Qualitäten wie

Liebe, Wohlbefinden, Glück oder Erfüllung bedürfen dringend der Stärkung. Dazu ist es notwendig, daß Frauen und Männer gemeinsam an einem Strang ziehen und nicht gegeneinander arbeiten. Ohne tiefgreifende Veränderungen in der Arbeitswelt, vor allem im Geschlechterverhältnis, wird dies nicht möglich sein.

Dieses Buch soll eine Anleitung zur Hilfe für einzelne sein – und zwar Frauen *und* Männer. Die Fälle wurden von uns nicht aufgeführt, um Sensationslust zu stillen, sondern um zu zeigen, wohin bestimmte Verhaltensweisen führen können. Wie die dargestellten Personen sich, aber letztendlich auch ihren Partnern, ihren Kindern, der ganzen Familie schadeten, das kommt nach unserer Erfahrung häufiger vor, als man glaubt – wenn auch nicht immer mit dramatischem Ausgang.

Hilfe ist immer möglich, auch Selbsthilfe. Wer sich dazu durchringen kann, findet Menschen, die einem mit Rat und Tat zur Seite stehen: Schuldenberater(innen), Psychologen(innen), Rechtsanwälte(innen).

Wie aber findet man/frau die passende Rechtsberatung oder psychologische Hilfe oder den Schuldenberatungsdienst? Sich eine Adresse aus dem Telefon- oder Branchenbuch herauszusuchen ist eine Möglichkeit, doch es ist nicht unbedingt die beste. Über die Qualität der Arbeit sagen Adresse und Telefonnummer nichts aus. Wie man die richtige Adresse erfährt und erfragt, wird im Anhang erläutert.

Anhang

»Hilf mir, es selbst zu tun«
Wie Sie die für Sie passende Beratung finden

Schuldenberatung

In verschiedenen Städten und Gemeinden haben sich inzwischen Schuldenberatungsstellen etabliert. Sie sind entweder von städtischen Sozialämtern eingerichtet worden oder von Kirchen und Wohlfahrtsverbänden. *Was mache ich mit meinen Schulden?* lautet der Titel einer Broschüre, die vom Bundesministerium für Familie, Senioren, Frau und Jugend herausgegeben wird. Darin erfahren Betroffene nicht nur, welche Möglichkeiten der Schuldenregulierung es gibt, sondern auch, wo sich die jeweiligen Beratungsstellen befinden.
Sie sind nicht nur nach alten und neuen Bundesländern geordnet, sondern auch nach Postleitzahlen, so daß die Suche nicht schwerfällt. In kleineren Städten ist die Auswahl der Beratungsstellen nicht allzu groß, und manch einer muß in die nächste Stadt fahren. Die dritte Auflage des Heftes von 1994 ist längst schon wieder vergriffen, doch Ende 1995 soll die vierte Auflage erscheinen.
Die Broschüre mit dem Titel *Was mache ich mit meinen Schulden? Hilfe für überschuldete Familien durch Schuldenberatung* ist kostenlos und kann angefordert werden über:

Bundesministerium für Familie,
Senioren, Frau und Jugend
Broschürenstelle
Postfach 20 15 51
53145 Bonn

Psychotherapeutische Hilfsangebote

Das Angebot an psychotherapeutischen Hilfen ist kaum noch überschaubar und macht die Suche nach der richtigen Adresse schwierig. Zur Orientierung empfehlen wir deshalb die Beachtung folgender Kriterien:

- *Suche:* Orientieren Sie sich – falls Ihnen der / die Therapeut(in) nicht von Ihrem Arzt oder anderen Vertrauenspersonen empfohlen wurde – an den von uns unten aufgeführten Darstellungen und den von uns genannten Adressen. Die Suche in den *Gelben Seiten* ist nicht unbedingt zu empfehlen. Die Herausgeber dieser *Gelben Seiten* führen keinerlei Prüfung der Angaben ihrer Inserenten durch.

- *Örtlichkeiten:* Die Praxisräume sollten als solche erkennbar sein. Vorsicht bei Wohnzimmerpraxen oder solchen, die nicht getrennt von Privaträumen sind.

- *Nachweis der Qualifikation:* Fragen Sie beim ersten Gespräch nach Beruf, therapeutischer Zusatzausbildung und angewandter Therapiemethode. Vorsicht bei Vernebelung und mangelnder Bereitschaft zur Offenheit. Scheuen Sie sich nicht, bei Ihnen unbekannten Therapieformen genau nachzufragen (was geschieht, wie lange?). Fragen Sie auch nach Referenzadressen. Wer nichts zu verbergen hat, wird sie Ihnen bereitwillig geben. Solide und üblich sind bis zu fünf Probesitzungen à 50 Minuten, an deren Ende die weitere Behandlung im gegenseitigen Einvernehmen erfolgen kann.

Die Kassen zahlen ein Erstgespräch und fünf Probesitzungen. Entweder hat der Therapeut ohnedies die Kassenzulassung, oder aber er kann über die Krankenkasse die Kostenzusage beantragen. Den Patientinnen werden die Kosten für die Behandlung von ihren jeweiligen Kassen dann erstattet.
Der Therapeut hat gegebenenfalls, wie die Patientin auch, die Möglichkeit, die Behandlung abzulehnen.
Vorsicht vor übertriebenen Heilungsversprechen! Psychotherapie ist keine Wundermedizin!

- *Dauer der Behandlung:* Die verschiedenen Therapiemethoden haben, wie unten aufgeführt, eine unterschiedlich lange Behandlungsdauer. Vorsicht beim Versuch, Sie gleich zu Beginn auf eine bestimmte Behandlungsdauer zu verpflichten oder Sie gar vertraglich zu binden! Nach den bereits genannten Probesitzungen, die dem Kennenlernen und der Klärung der Möglichkeit, miteinander zu arbeiten, dienen, sollte über den weiteren Ablauf der Therapie erst einmal gesprochen werden.

- *Honorar:* Wer bei Therapeuten in Behandlung ist, die nicht direkt über die Versicherungskarte mit der Kasse abrechnen, muß für eine Psychotherapiestunde derzeit mit einem Honorar zwischen 90 und 175 Mark rechnen.

Unklaren Angaben und »billigen« Angeboten, die weit unter dem ortsüblichen Niveau liegen, sollten Sie mit Vorsicht begegnen. Fragen Sie bei Unsicherheiten Ihre Krankenkasse.

- *Eindruck:* Um gut miteinander arbeiten zu können, bedarf es einer spontanen Sympathie auf beiden Seiten. Falls sich die von Ihrer Seite nicht einstellt, falls sogar das Gegenteil der Fall ist, suchen Sie nach einem anderen Therapeuten. Allerdings kann es während einer Behandlung zu unangenehmen Momenten kommen, was weniger mit der Person des Therapeuten zu tun hat, sondern eher damit, daß die Konfrontation mit der Wahrheit und das Bewußtwerden der bis dahin verdrängten Konflikte schmerzlich sein kann. In solchen Augenblicken sollten Sie nicht aufgeben und davonlaufen. Versuchen Sie so offen, wie es Ihnen möglich ist, mit Ihrem Therapeuten über Ihre Gefühle zu sprechen.

Die wichtigsten Psychotherapieformen

Neben der Person des/der Therapeuten/in und seiner/ihrer Erfahrung ist die Art der Psychotherapie wichtig. Nachfolgend ein kurzer Überblick über die angebotenen Therapieformen. Die gesetzlichen (meist auch die privaten) Krankenkassen übernehmen für tiefenpsychologisch fundierte und analytische Psychotherapie und Verhaltenstherapie bei anerkannten Therapeuten die Kosten in voller Höhe. Diese Kassenleistungen können sowohl Ärzte mit Zusatzausbildung als auch Diplompsychologen in ärztlichem Auftrag (Delegation) abrechnen.

- *Tiefenpsychologisch fundierte und analytische Psychotherapie*
Hier muß sich die Patientin auf 30 bis 100 Behandlungsstunden einrichten (einzeln oder in der Gruppe). Diese Therapieform wird heute ohne die berühmte Couch im Sitzen praktiziert. Die aktuellen Lebensprobleme der Patientin werden auf ihre Ursprünge in der Kindheit zurückgeführt, und bis dahin Unbewußtes wird mit der Patientin erarbeitet. Diese bewährte Therapieform eignet sich bei Patientinnen mit neurotischen Störungen (Lebensängste, Depressionen, Hysterien, Zwänge) und bei Störungen der Persönlichkeitsentwicklung, zum Beispiel bei Reifeproblemen.
Diese Therapieform ist von den Krankenkassen anerkannt. Die Kosten werden übernommen.

- *Langzeit-Psychoanalyse*
Bei dieser Form orientiert sich der Therapeut an den Vorgaben des »Vaters« der Psychoanalyse, Sigmund Freud. Die Langzeit-Psychoanalyse erfordert bis zu 300 Behandlungsstunden, in denen die Patientin auf der Couch liegend frei erzählt, was sie bewegt. Der Therapeut ist dabei zurückhaltend, greift nicht direkt ein, sondern versucht mit vorsichtigen Deutungen zu Einsichten zu verhelfen. Ziel ist die Einsicht in unbewußte innere Zusammenhänge zur besseren Selbsterkenntnis und Reifung. Die Behandlung eignet sich für Patientinnen, die sich gut ausdrücken können und in der Lage sind, ihre Probleme wahrzunehmen und zu beschreiben. Die Sitzungen erfolgen drei- bis viermal pro Woche.
Auch hier werden die Kosten von den Krankenkassen übernommen.

• *Verhaltenstherapie*
Hier bemüht sich der Therapeut gemeinsam mit der Patientin um eine aktive Lösung ihrer Probleme. Dabei wendet er eine Vielzahl von Techniken und Hilfsmitteln an. Konkrete Übungen und Gespräche wechseln sich ab. Diese Therapieform wird angewendet bei spezifischen Ängsten und Phobien jeder Art, bei Depressionen, psychosomatischen Erkrankungen wie Eß- oder Schlafstörungen, Streßsymptomen oder Schmerz.
Ebenfalls geregelte Kostenübernahme durch die Krankenkassen.

• *Gesprächstherapie*
Die Patientin erzählt dem Therapeuten, was sie am meisten beschäftigt. Der Therapeut hilft der Patientin durch aktives, unterstützendes Zuhören dabei, sich und ihr Verhalten genauer zu erforschen und sich selbst zu akzeptieren.
Die Gesprächstherapie, die zehn bis 60 Stunden dauern kann, ist ein inzwischen weit verbreitetes Verfahren. Sie ist eine geeignete Therapieform für Menschen, die sich gut ausdrücken können. In emotionalen Krisensituationen, bei Ängsten und Kontaktstörungen, aber auch bei Selbstwertproblemen wird sie eingesetzt.
Diese Therapieform ist zur Zeit nicht im Leistungskatalog der Krankenkassen, wird aber von Fall zu Fall bezahlt.

• *Gestalttherapie*
Hier wird mit Rollenspielen und Körperübungen gearbeitet, um den Umgang mit den inneren Problemen und gestörten Gefühlsbereichen zu verbessern. Diese Therapieform dauert zwischen 20 und 80 Stunden. Sie

eignet sich weniger gut zur aktuellen Krisenbewältigung.
Auch hier gilt, daß diese Therapiemethode nicht zu den Regelleistungen der Krankenkassen zählt und deshalb nicht automatisch bezahlt wird.

- *Familientherapie*
  In der Familientherapie werden die Störungen in der Familie im Beziehungszusammenhang betrachtet. Die Familie kommt gemeinsam zur Sitzung, es kann aber auch zu Einzelgesprächen kommen. Der einzelne wird als Teil eines Gesamtsystems (Familie und soziale Umwelt) betrachtet. Behandlungsumfang zehn bis 30 Stunden. Auch die Familientherapie zählt nicht zu den Regelleistungen der Krankenkassen. Sie wird aber von Beratungsstellen der Kommunen und Kirchen kostenfrei angeboten.

Alle genannten Therapieformen – mit Ausnahme der Psychoanalyse und der Familientherapie – können als Einzeltherapien oder als Gruppentherapien durchgeführt werden.
Wem diese Kurzbeschreibung der verschiedenen Methoden nicht ausreicht und wer sich nähere Informationen einholen will, dem sei das soeben erschienene Buch von Eva Jaeggi *Zu heilen die zerstoßenen Herzen* (Rowohlt Verlag, 34 Mark) empfohlen.

Wie kommt man an die geeigneten Adressen?

Alle Geschäftsstellen der Krankenkassen führen Listen der in ihrem Bezirk tätigen ärztlichen und psychologischen

Psychotherapeuten(innen), die mit den Krankenkassen abrechnen können.
Die örtlich zuständige Kassenärztliche Vereinigung erteilt ebenfalls auf Anfrage entsprechende Auskünfte.
Sie können auch Ihren Hausarzt fragen. Wenn er an Psychotherapie Interesse hat, wird er Ihnen weiterhelfen.
Ebenfalls Auskunft erteilen die Beratungsstellen für Erziehungs-, Ehe- und Lebensfragen vor Ort. Diese Stellen haben keine Bundesgeschäftsstelle. Sie müssen deshalb bei den Trägern der freien Wohlfahrtspflege wie Caritas, Diakonisches Werk, Arbeiterwohlfahrt, Deutscher Paritätischer Wohlfahrtsverband oder bei kommunalen Einrichtungen wie Sozial-, Jugend- oder Gesundheitsamt nachfragen.
Bundesweit wenden Sie sich an:

Berufsverband Deutscher Psychologen
Heilsbachstraße 22
53123 Bonn
Telefon: 0228-987310
Telefax: 0228-9873170

Pro familia
Stresemannallee 3
60596 Frankfurt a. M.
Telefon: 069/639002
Fax: 069/639852

Kein Mensch käme auf die Idee, bei Zahnschmerzen einen Internisten aufzusuchen oder bei Hals-Nasen-Ohren-Schmerzen einen Gynäkologen anzusteuern. Doch bei der Suche nach einem Anwalt suchen sich viele den nächstbesten aus dem Telefonbuch oder dem Branchenfernsprechbuch heraus oder gehen auf Empfehlung von Freunden und Bekannten zu einem Anwalt. Dann kann es passieren, daß sie an einen »Feld-Wald-und-Wiesen-Anwalt« geraten, der auf kein bestimmtes Rechtsgebiet spezialisiert ist, oder daß sie wegen ihrer Scheidung bei einem Experten für Verkehrsrecht landen. Einige Anwälte sind der Meinung, alles und jeden vor Gericht vertreten zu können, doch das kann fatale Folgen haben.
Die Schwierigkeit, einen geeigneten Anwalt zu finden, liegt unter anderem am Standesrecht. Die Standesorganisation der Anwälte und Notare verbot in der Vergangenheit, für sich zu werben. Dies ist auch immer noch so. Lediglich Rechtsanwälte(innen), die sich auf den Gebieten Steuerrecht, Sozialrecht, Verwaltungsrecht und Arbeitsrecht weitergebildet und Zusatzausbildungen durchlaufen haben, dürfen das im Branchen- und Telefonbuch mit dem Zusatz »Fachanwalt für …recht« und einem entsprechenden Hinweis auf ihrem Kanzleischild bekanntgeben. Alle anderen Rechtsgebiete – Verkehr, Mietrecht, Strafrecht, Ehe- und Familienrecht – sind im Gegensatz zu den vorher genannten Fachgebieten sogenannte Spezialgebiete, die nicht im Telefon- oder Branchenfernsprechbuch auftauchen dürfen.

Wie also kommt man/frau an die Adresse von Familien- oder Scheidungsanwälten(innen)?
Eine der Möglichkeiten sind die örtlichen Anwaltskammern. Diese geben seit einiger Zeit die Adressen ihrer Mitglieder heraus, da diese Bitte immer häufiger geäußert wurde. Die Telefonnummern der Kammern stehen im Telefonbuch unter:

Rechtsanwaltskammer

Die Betroffenen können telefonisch ihren Spezialwunsch äußern und erhalten dann drei Namen von Anwälten(innen) in ihrer Region, die das entsprechende Rechtsgebiet bearbeiten. Die Namen sind der Reihenfolge nach im Computer gespeichert und werden nach einer Abfrage an das Ende der Schlange gestellt. Damit ist gewährleistet, daß jede(r), die oder der sich dort freiwillig eingetragen hat, Mandanten bekommt. Über die Qualität ihrer/seiner Arbeit sagt dies nichts aus.
Die Anwaltskammern haben auch nur die Namen der Mitglieder gespeichert, die in ihrem Einzugsgebiet arbeiten. Von der Bundesanwaltskammer in Köln werden keine Listen und Namen herausgegeben.

Und Vorsicht: Nicht jede der Anwaltskammern stellt Adressen zur Verfügung. Dies ist ein Service, den die Kammern bieten können, aber nicht müssen.

Wer bundesweit oder gar international, aber auch vor Ort sucht, hält sich besser an den privaten Dienstleistungsbetrieb *Rechtsanwalt Suchservice* in Köln. Das 1989 gegründete private Unternehmen verfährt mit der Herausgabe der Adressen ähnlich wie die Anwaltskammern. Die Anruferin bekommt drei Namen von Anwälten (national oder international) genannt. Der Service ist kostenlos, abgesehen von den Telefongebühren, die für den Anruf anfallen. Das sind jedoch die üblichen Posteinheiten. Gebühren zahlen nur die Anwälte selbst dafür, daß sie im Computer des Suchdienstes geführt werden.

Auch beim Anwalt-Suchservice werden die Namen im Rotationsverfahren herausgegeben. Falls jedoch Sonderwünsche angemeldet werden, zum Beispiel der Wunsch nach einer Anwältin, die ersten drei Namen aber männlich sind, dann muß die »Kundin« nicht wieder auflegen und solange neu anwählen, bis eine Frau im Computer des Suchdienstes erscheint. Der Wunsch wird dann sofort erfüllt.

Der Rechtsanwalt-Suchdienst in Köln hat die Telefonnummer

0180–525 45 55

Wer sich zunächst ohne Rechtsanwältin schlau machen möchte, dem sei der von der Beratungsstelle pro familia empfohlene Ratgeber *Scheidungsrecht* von Thomas Gnann (Bund-Verlag) genannt. Das Buch erläutert juristischen Laien gut verständlich den Paragraphenwirrwarr. Besonderheit: Das Buch ist zweigeteilt. Das Scheidungsrecht für Frauen und Männer wird jeweils separat abgehandelt. Schließlich haben beide ja gegensätzliche Interessen.

Literatur

Argyel, M. / Henderson, N.: *Die Anatomie menschlicher Beziehungen.* Junfermann Verlag, Paderborn 1986.

Benard, Cheryl / Schlaffer Edith: *Mütter machen Männer.* Heyne-Verlag, München 1994.

Bilger, Harald: *Macht der Frau, Herrschaft des Mannes.* Universitätsverlag, Konstanz 1988.

Brown, Lyn / M. Gilligan Carol: *Die verlorene Stimme.* Campus-Verlag, Frankfurt a. M. 1994.

Covington, Stephanie / Beckett, Liana: *Immer wieder glaubst du, es ist Liebe.* Kösel-Verlag, München 1990.

Dormagen, Christel: *Geld, Macht, Liebe.* Rowohlt Taschenbuch-Verlag, Reinbek 1992.

Der große Bellheim. Roman nach dem Fernsehfilm von Dieter Wedel, Fischer-Verlag, Frankfurt a. M. 1993.

Fester, Richard / König, Marie / Jonas, Doris / Jonas, David: *Weib und Macht.* Fischer Taschenbuch-Verlag, Frankfurt a. M. 1993.

Fisher, Helen: *Anatomie der Liebe.* Droemer-Knaur Verlag, München 1993.

French, Marilyn: *Jenseits der Macht.* Rowohlt Taschenbuch-Verlag, Reinbek 1992.

Fromm, Erich: *Haben oder Sein.* Deutscher Taschenbuch-Verlag (dtv), München 1993.

Guggenbühl, A.: *Männer, Mythen, Mächte.* Kreuz-Verlag, Stuttgart / Zürich 1994.

Hermann, E.: *Zur Geschichte des Brautkaufes bei den indogermanischen Völkern.* Bergedorf 1904.

Hesse, Jürgen / Schrader, Hans Christian: *Die Neurosen der Chefs.* Eichborn-Verlag, Frankfurt a. M. 1994.

Hesse, Jürgen / Schrader, Hans Christian: *Krieg im Büro.* Eichborn-Verlag, Frankfurt a. M. 1993.

Jerschke, H. O.: *Mein und Dein in der Ehe.* C. H. Beck-Verlag, München 1985.

Kohler, J.: *Zur Urgeschichte der Ehe.* Scienta-Verlag, Aalen 1984 (1897).

Königswieser, R. u. a.: *Aschenputtels Portemonnaie – Frauen und Geld.* Campus-Verlag, Frankfurt a. M. 1992.

Knigge, Adolph Freiherr von: *Über den Umgang mit Menschen* (nach der 3. Auflage von 1790) Fischer Taschenbuch-Verlag, Frankfurt a. M. 1962.

Kück, Marlene (Hg.) *Der unwiderstehliche Charme des Geldes.* Rowohlt Taschenbuch-Verlag, Reinbek 1988.

Marone, Nicky: *Erlernte Hilflosigkeit überwinden.* Fischer Taschenbuch-Verlag, Frankfurt a. M. 1994.

Mestwerdt, R.: *Das Sozialbild der Ehe im Spiegel der Gesetzgebung und Rechtsprechung der letzten 150 Jahre.* Göttingen 1961.

Métral, Marie O.: *Die Ehe.* Suhrkamp Taschenbuch-Verlag, Frankfurt a. M. 1981.

Michaelis, U.: *Das abendländische Eherecht im Übergang vom späten Mittelalter zur Neuzeit.* Vandenhoek und Ruprecht, Göttingen 1989.

Norword, R.: *Wenn Frauen zu sehr lieben.* Rowohlt Taschenbuch-Verlag, Reinbek 1987.

Oheim, Gertrud: *1 x 1 des guten Tons.* Bertelsmann-Verlag, Gütersloh 1956.

Peseschkian, N.: *33 und eine Form der Partnerschaft.* Fischer Taschenbuch-Verlag, Frankfurt a. M. 1988.

Der Papalagi. Tanner und Staehelin-Verlag, Zürich 1981.

Reich, G.: *Partnerwahl und Ehekrisen.* Fachbuchhandlung für Psychologie, Frankfurt a. M.1987.

Roben, Walter: *Die Entwicklung von Staat und Recht im alten Indien.* Akademieverlag, Berlin 1968.

Schmid, K.: *Die Entstehung der güterrechtlichen Vorschriften im bürgerlichen Gesetzbuch unter besonderer Berücksichtigung der sozialen Stellung der Frau.* Duncker und Humblot Verlag, Berlin 1990.

Schneider, Robert: *Pleite.* Universität Gesamthochschule Siegen, 1992.

Schenkel, Susan: *Mut zum Erfolg.* Campus-Verlag, Frankfurt a. M.1992.

Sichrovsky, Peter / Scheer, Peter: *Liebe, Haß und Gleichgültigkeit.* Hoffmann und Campe Verlag, Hamburg 1991.

Simmel, Georg: *Philosophie des Geldes.* Suhrkamp-Verlag, Frankfurt a. M. 1989.

Sohar, De: *Das heilige Buch der Kabbala.* Eugen Diederichs Verlag, Köln 1984.

Steen, Uta van: *Macht war mir nie wichtig.* Fischer-Verlag, Frankfurt a. M. 1988.

Überschuldungssituation und Schuldnerberatung in der Bundesrepublik Deutschland. Hrsg. v. Bundesministerium für Familie und Bundesministerium für Justiz, Kohlhammer-Verlag, Stuttgart 1992.

Unger, J.: *Die Ehe in ihrer welthistorischen Entwicklung.* Ferdinand-Keip-Verlag, 1970 (Manns-Verlag, Wien 1850).
Weissberg, Marianne: *Oben ohne.* Verlag Peter Erd, München 1994.
Zinser, Hartmut: *Der Mythos des Mutterrechts.* Ullstein Verlag, Berlin 1981.